GRÉGORY

Les Arènes,
17-19, rue Visconti, 75006 Paris
Tél. : 01 42 17 47 80
arenes@arenes.fr
www.arenes.fr

Pour découvrir nos nouveautés, rendez-vous sur notre site arenes.fr.
Retrouvez les vidéos inspirées de nos livres sur la chaîne YouTube
« Les Arènes du Savoir ». Et suivez-nous sur les réseaux sociaux !

GRÉGORY

PAT PERNA & CHRISTOPHE GAULTIER
AVEC JEAN-MARIE VILLEMIN

LES ARÈNES BD

Préface

Un anéantissement total. Voilà ce que Christine et moi ressentons après l'assassinat de notre petit Grégory le 16 octobre 1984. Un corbeau dont nous ne connaissons toujours pas l'identité a tué notre fils de 4 ans pour me « faire mourir de chagrin ». Au nom de quoi ? Pour assouvir quelle haine ? Je me demande comment nous avons survécu. Nous étions perdus, au fond du gouffre, sans aucun soutien, ballottés par les événements et une justice erratique. Je nous revois, si jeunes et sans aucune autre expérience de la vie que celle d'un couple de 24 et 26 ans, ayant quitté l'école à 16 ans et ayant grandi dans les Vosges à l'époque où il n'y avait ni ordinateur ni téléphone portable, à peine trois chaînes de télévision.

Très vite, Christine et moi avons souffert de la médiatisation de notre tragédie. Les médias sont là pour informer. Mais certains journalistes ne pensent qu'à faire de l'audience ou à profiter de leur pouvoir. L'exposition médiatique peut être une peste, surtout dans un dossier judiciaire. L'antidote est la discrétion. Avec Christine, nous n'avons pris la parole publiquement que trois fois en trente ans. La première fois, dix ans après la mort de Grégory, en 1994, lors de l'émission « La Marche du siècle », avec Jean-Marie Cavada, à la sortie de notre livre *Le Seize Octobre* ; puis, quelques semaines plus tard, lors d'une audience au Sénat sur le thème de la présomption d'innocence et de la violation du secret de l'instruction, en présence du ministre de la Justice. Après un long silence, nous avons donné une interview en 2006, au journal *La Croix*, sans photo, à l'occasion de la sortie d'un film en six épisodes sur France 3 réalisé par Raoul Peck, qui nous paraissait respectueux du dossier et de notre histoire.

Depuis trente ans, nous avons reçu des centaines de sollicitations en tout genre. Alors que nous avons évité les médias, l'assassinat de Grégory continue de susciter un grand intérêt, générant des articles, des interviews, des documentaires, des séries, des livres, année après année. Des policiers, des magistrats ou des journalistes, qui ont approché le dossier de près, et qui pour certains l'ont dévasté, s'expriment sans scrupule ni honte et en profitent pour dire n'importe quoi. Un jour, j'ai reçu un message adressé à notre avocat Thierry Moser de la part de Jean-Claude Bauer, un dessinateur de bande dessinée qui voulait publier un album sur notre histoire. Il nous demandait notre accord et sollicitait ma participation. C'était la deuxième fois que quelqu'un avait la délicatesse de nous demander la permission de travailler sur notre histoire (auparavant, il y avait eu le journaliste Patrick Cohen qui souhaitait consacrer une émission d'archives à l'affaire.) J'ai refusé de participer au projet de Jean-Claude Bauer, parce que je ne me voyais pas collaborer avec un inconnu, chez un éditeur dont je ne savais rien. Il a compris ma position.

J'étais cependant convaincu qu'un jour ou l'autre cette idée d'une bande dessinée resurgirait. Je me suis dit qu'il fallait agir au lieu de subir. J'aime ce moyen d'expression qui peut être rigoureux, accessible à tous. Quand j'ai parlé de mon projet à Christine, elle m'a laissé libre de le mener à bien, à la condition de ne pas y être mêlée. C'est une grande brûlée des médias. Christine ne peut plus supporter cette curiosité qui nous a fait tant de mal. Elle a longtemps été persécutée par deux journalistes, Jean-Michel Bezzina, au micro de RTL, et son épouse Marie-France Lefèvre-Bezzina, qui, sans quitter leur appartement, écrivait sous pseudonyme dans une douzaine de médias différents. C'était une agence de presse à eux deux, en lien permanent avec leurs amis, le commissaire Jacques Corazzi, qui a dirigé l'enquête après le dessaisissement des gendarmes, et l'avocat Gérard Welzer, qui défendait mon cousin Bernard Laroche, le premier suspect de l'affaire. J'ai surnommé ce quatuor « les intouchables », car leurs agissements sont restés impunis. C'est à cause de leurs délires qu'un temps Christine a été accusée à tort d'avoir tué notre enfant. C'est leur influence qui a fait vriller toute une profession. Ce sont leurs manipulations qui ont entraîné tant de retard dans la recherche de la vérité et tant de malheurs qui n'auraient jamais dû avoir lieu.

Un journaliste aguerri en matière judiciaire, Serge Garde, a dit un jour à mon propos : « C'était un homme tellement blessé par la mort de son enfant qu'il avait tendance à prendre le flingue avant de se poser, de réfléchir calmement au dossier… Il ne fallait pas jouer avec Jean-Marie Villemin, là-dessus, on savait que c'était dangereux, tout le monde le savait. » « Les intouchables » ont joué avec Christine et avec moi. La justice est devenue folle, les médias se sont emballés. Nous étions dans cette tornade, comme des enfants écrasés de chagrin. J'ai craqué, j'ai pris la vie de mon cousin, je resterai à jamais un assassin. Je le regrette tant. La vengeance n'est pas une solution, même si vous êtes convaincu d'être en face de l'homme qui a enlevé votre fils, de l'homme dont vous pensez qu'il a été son bourreau… Car il faut vivre après avec ce poids-là. J'ai mûri, j'ai appris, je me suis apaisé et je sais le prix de la douleur et des larmes.

L'idée d'une bande dessinée me trottait dans la tête. Je décidai alors de prendre les devants en sachant que l'anniversaire des quarante ans de la découverte du corps de Grégory dans la Vologne approchait et que, une fois encore, tout et le contraire de tout allaient être dits. J'ai contacté Laurent Muller, l'éditeur de bande dessinée des Arènes, la maison d'édition dirigée par Laurent Beccaria. Jeune éditeur, ce dernier avait publié l'ouvrage de référence sur notre affaire, *Le Bûcher des innocents* de Laurence Lacour. Il nous a ensuite accompagnés dans l'écriture de notre livre, *Le Seize Octobre*, et il est devenu un ami. Laurence et lui savent qui je suis et ce que nous avons traversé, le prix que nous avons payé, combien nous avons été haïs à une époque.

Les Arènes ont réuni une équipe de grands professionnels, le dessinateur Christophe Gaultier et le scénariste Patrice Perna, conscients de la complexité de ce projet. Malgré la lourdeur de la tâche, la complicité s'est rapidement installée entre nous et l'album a avancé avec sérieux. Le processus de création de la bande dessinée repose sur leur talent à eux deux. Je leur ai fourni les informations nécessaires et j'ai répondu à leurs questions. J'ai passé des mois et des mois à éplucher le dossier. Cette connaissance est impossible à acquérir pour un documentaliste.

Les codes complexes de la BD m'ont parfois frustré, mais le résultat final est impressionnant, surprenant, déchirant, pour ne pas dire plus. Malgré des raccourcis nécessaires à la narration, le fond demeure authentique, rien n'est inventé, bien au contraire. À 66 ans, je ne suis pas endurci. Au contraire, l'émotion est à fleur de peau et j'ai souvent pleuré en découvrant ces pages, et Christine aussi, tant elles retracent avec justesse la période la plus noire de notre vie.

Cette BD honore la mémoire de Grégory, et j'en suis heureux. Je remercie tous ceux qui ont participé à ce projet. Je pense aussi à ceux qui nous entourent, nos familles, nos amis, nos avocats. Je pense à Christine, je la remercie d'avoir survécu à tous nos malheurs, je la remercie pour sa présence dans ma vie. Je pense au juge Simon, notre sauveur. Je remercie nos enfants – Julien, Emelyne, Simon – pour leur amour, et nos petits-enfants qui nous empêchent de vieillir trop vite. Et je pense très fort, chaque jour, à notre petit homme, Grégory, qui nous donne la force de vivre sans lui, de vivre en dehors de la haine, sans rancœur, de vivre heureux et de vivre pour sa mémoire. Pour toujours avec lui.

— Jean-Marie Villemin

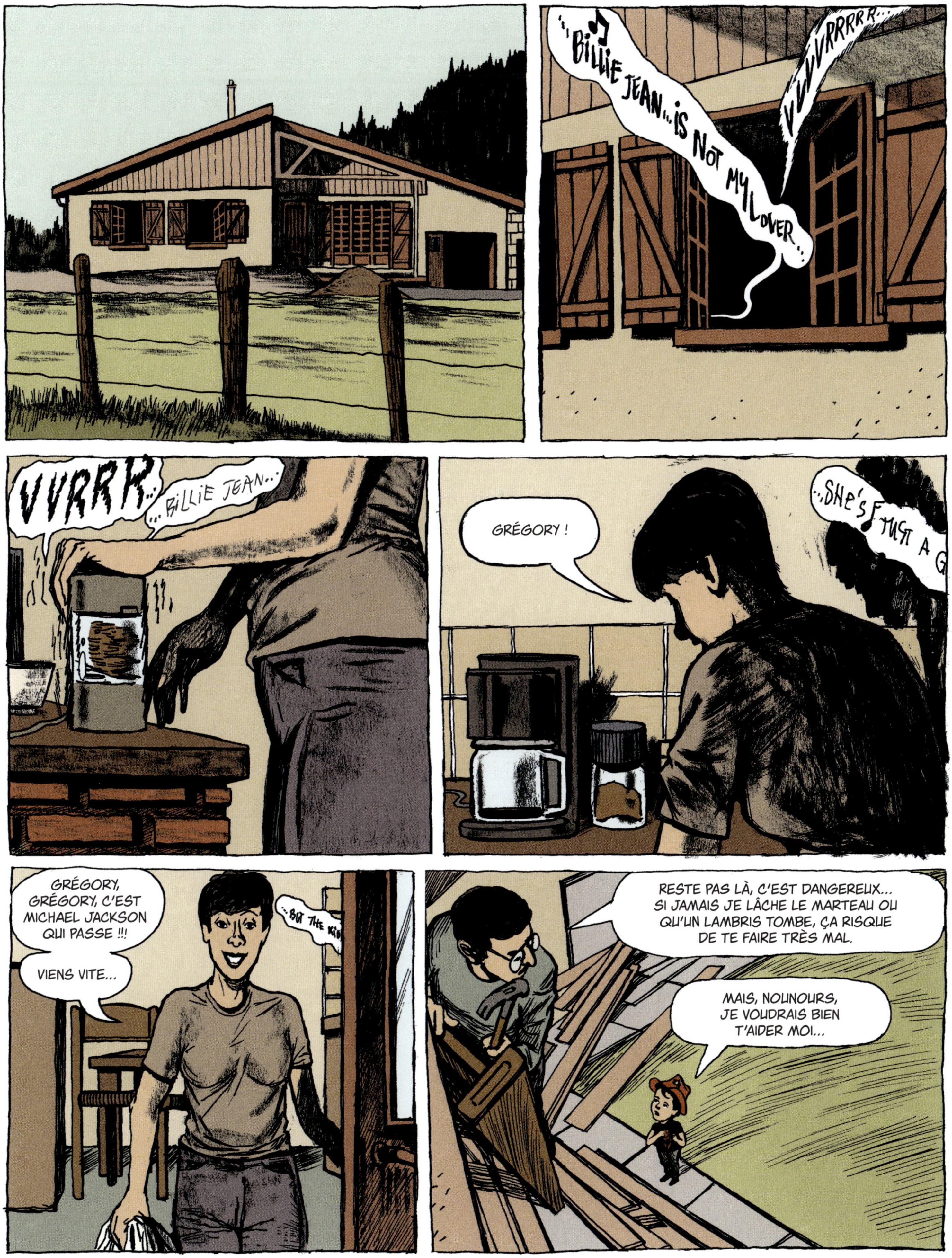
...BILLIE JEAN... IS NOT MY LOVER...
VVVVRRRRR...
VVRRR...
...BILLIE JEAN...
GRÉGORY !
...SHE'S JUST A G
GRÉGORY, GRÉGORY, C'EST MICHAEL JACKSON QUI PASSE !!!
VIENS VITE...
RESTE PAS LÀ, C'EST DANGEREUX... SI JAMAIS JE LÂCHE LE MARTEAU OU QU'UN LAMBRIS TOMBE, ÇA RISQUE DE TE FAIRE TRÈS MAL.
MAIS, NOUNOURS, JE VOUDRAIS BIEN T'AIDER MOI...

NON, C'EST TROP DIFFICILE. NE RESTE PAS LÀ.
MAIS JE SUIS FORT, MOI. JE PEUX T'AIDER AVEC LE MARTEAU...
JE T'AI DIT NON ! VA JOUER AILLEURS, S'IL TE PLAÎT !
JE NE VEUX PAS QUE TU TRAÎNES DANS MES PATTES !
QU'EST-CE QUI SE PASSE, MON BONHOMME ?
C'EST NOUNOURS... IL EST MÉCHANT ! IL NE VEUT PAS QUE JE L'AIDE...
TU SAIS BIEN QU'IL N'EST PAS MÉCHANT... C'EST JUSTE QUE C'EST DANGEREUX DE RESTER PRÈS DE LUI QUAND IL BRICOLE. IL A PEUR POUR TOI, C'EST TOUT. IMAGINE S'IL T'ARRIVAIT QUELQUE CHOSE, QUE TU TE FASSES MAL ? ON SERAIT TRÈS TRÈS MALHEUREUX.
OUI, JE SAIS. MAIS MOI JE VOULAIS L'AIDER, PARCE QUE C'EST DIFFICILE COMME TRAVAIL... ET... ET... JE SUIS GRAND, TU SAIS.
JE SAIS BIEN QUE TU ES UN GRAND BONHOMME COURAGEUX ET FORT, MAIS SURTOUT, TU ES...

MON... PETIT BANDIT D'AMOUR !
JE NE SUIS PAS UN BANDIT... JE SUIS UN SHÉRIF !
MAMAN, MAMAN !!! VIENS VOIR... VIIIIITE !
J'ARRIVE... MAIS PAS LONGTEMPS, HEIN ? J'AI ENCORE PLEIN DE TRAVAIL...
TU LE VOIS ?
OH ! C'EST UN... UN JOLI CRAPAUD QUE TU AS TROUVÉ LÀ...
MAIS JE N'AIME PAS TROP CES BESTIOLES, ALORS ON VA LE LAISSER TRANQUILLE ET ATTENDRE TON PÈRE, QU'IL NOUS EN DÉBARRASSE.
QUOI ? NON ! FAUT PAS LUI FAIRE DE MAL...
TU AS VU SES YEUX ?... SES GRANDS BEAUX YEUX ?

MAMAN, PROMETS-MOI... IL NE FAUT PAS QUE NOUNOURS LUI FASSE...
QUE JE FASSE QUOI À QUI ?
NOUNOURS !!! T'ES PLUS FÂCHÉ AVEC MOI ?
ON A TROUVÉ UN CRAPAUD !!! MÊME QU'IL A DES YEUX MAGNIFIQUES ET QUE... ET QUE...
HA HA HA ! BIEN SÛR QUE NON ! JE NE SUIS JAMAIS FÂCHÉ CONTRE TOI... JE T'AIME TROP POUR ÇA.
JE NE VEUX PAS QU'ON LUI FASSE DU MAL... TU SAIS, LES CRAPAUDS, C'EST TRÈS GENTIL. ET JE LES AIME AUSSI ! PAS COMME VOUS, MAIS PRESQUE...
JE COMPRENDS, MAIS NE T'INQUIÈTE PAS... JE NE LUI JETTERAI PAS DE CAILLOU CETTE FOIS-CI. JE TE LE PROMETS.
EN ATTENDANT, SI ON ALLAIT FAIRE UN TOUR DE MOTO EN FORÊT ?

PAS TROP LONGTEMPS PARCE QU'IL EST DÉJÀ TARD, D'ACCORD ? JE NE VEUX PAS QUE VOUS RENTRIEZ COUVERTS DE BOUE COMME D'HABITUDE !
C'EST PROMIS, KIKI. ON SERA TRÈS PRUDENTS…
OUI, C'EST PROMIS, MAMAN. ON SE SERA TRÈS TRÈS TRÈS PRUDENTS.

16 octobre 1984.

Évry. Cité des Pyramides – 31 octobre 1993.

* Nom d'emprunt utilisé par Christine et Jean-Marie pour rester incognito.

TU AS BIEN PLIÉ TA VESTE POUR QU'ELLE NE SE FROISSE PAS TROP ?
OUI, OUI, NE T'INQUIÈTE PAS.
ON SE VOIT LÀ-BAS... LUNDI.
ET N'OUBLIE PAS CE QU'A DIT MAÎTRE GARAUD : TU NE REMETS PAS TA VESTE EN CUIR...
NE T'INQUIÈTE PAS...

* Jean-Marie, après trente-trois mois de détention pour l'assassinat de Bernard Laroche, en liberté provisoire depuis le 24 décembre 1987, retourne en prison le temps de son procès.

LA JUSTICE, C'EST DU PILE OU FACE. MAIS, POUR NOUS AUTRES, C'EST PLUS SOUVENT DU MAUVAIS CÔTÉ QUE LA PIÈCE RETOMBE...
QU'EST-CE QUE T'Y CONNAIS, TOI ? T'AS LU LE CODE PÉNAL, PEUT-ÊTRE ?
FIGURE-TOI QUE OUI, MONSIEUR. JE NE SUIS PAS QU'UN SEX-SYMBOL. J'AI AUSSI UNE TÊTE.
MFFFRRRR... VOYEZ-VOUS ÇA !? "MAÎTRE SCHWARZENEGGER" QU'ON VA T'APPELER... HA HA HA ! DOMMAGE, TU NE RENTRERAS JAMAIS DANS LE COSTUME...
ÇA S'APPELLE UNE ROBE.
IL A RAISON. IL Y A UN RISQUE QUE JE SOIS CONDAMNÉ.
J'ESPÈRE JUSTE QUE CE NE SERA PAS À PLUS DE DIX ANS... PARCE QUE SINON...
T'EN AS DÉJÀ FAIT TROIS, GAMIN... CINQ EN PLUS, C'EST PAS LA MER À BOIRE, ET AVEC LES REMISES DE PEINE TU SORTIRAS BIEN AVANT.
JULIEN AURA 13 ANS, EMELYNE 8... ET CHRISTINE TOUTE SEULE POUR AFFRONTER ÇA... JE... JE NE POURRAI PAS... JE NE TIENDRAI JAMAIS CINQ ANNÉES DE PLUS.

DÉSOLÉ, JE... JE N'AURAIS PAS DÛ ME LAISSER ALLER... ÇA VA, ÇA VA...
... JE NE VAIS PAS ABANDONNER MAINTENANT, SI PRÈS DU BUT, PAS VRAI ?
TU... TU CROIS ENCORE QU'ON SAURA UN JOUR ?
QUI A TUÉ TON GAMIN ?
MAIS JE LE SAIS, MOI. JE LE SAIS DEPUIS QUE MURIELLE BOLLE A PARLÉ ! IL SUFFIT DE SE POSER LES BONNES QUESTIONS.
QUI POUVAIT BIEN AVOIR ACCUMULÉ TANT DE HAINE, DE JALOUSIE, DE RANCŒUR POUR ASSASSINER UN ENFANT DE 4 ANS ET LE JETER À LA VOLOGNE ?
OUAIS... SI TU ARRIVES À LE PROUVER ALORS PEUT-ÊTRE QUE T'AURAS LES CIRCONSTANCES ATTÉNUANTES. VA SAVOIR...
OUI, J'AI SIX SEMAINES POUR FAIRE ÉCLATER LA VÉRITÉ... ET AUSSI POUR QU'ON COMPRENNE MON GESTE. JE NE DIS PAS PARDONNER MAIS COMPRENDRE.

Nous sommes le mercredi 3 novembre et vous êtes bien sur RTL. Il est 8 heures. Le journal, Bernard Poirette ! Bonjour. C'est aujourd'hui, à Dijon, que s'ouvrira le procès de Jean-Marie Villemin devant les assises de la Côte-d'Or.
RTL
Accusé de l'assassinat de son cousin, Bernard Laroche, le 29 mars 1985, Jean-Marie Villemin a toujours reconnu son crime.
Il s'était d'ailleurs lui-même livré à la police et a déjà purgé trois ans de prison avant d'être libéré en 1987.
VILLEMIN ! C'EST L'HEURE...
Huit ans et demi se sont donc écoulés depuis ce drame. Trois juges et des milliers de pages de dossier d'instruction plus tard, nous n'avons toujours aucune réponse sur le fond de cette affaire.
Qui a tué Grégory ? Qui était le ou plutôt les corbeaux ? C'est, pour les avocats de Jean-Marie Villemin, le véritable enjeu de ce procès hors norme.
Ils tenteront évidemment d'obtenir l'acquittement de leur client en prouvant la culpabilité de Laroche.
La partie civile, de son côté, poursuivra sa stratégie initiale visant à accuser la mère de l'enfant, Christine Villemin, alors qu'elle a bénéficié en février 1993, rappelons-le, d'un arrêt de non-lieu disant qu'"il n'y a pas de charges" contre elle.

* "Le Sablier", *L'Est républicain*, jeudi 29 octobre 1993.

Cette tragédie, véritable naufrage judiciaire, fiasco médiatique, est également éminemment politique...
Rappelons que Robert Badinter, garde des Sceaux à l'époque des faits, et désormais président du Conseil constitutionnel, s'est toujours refusé à intervenir ou à recevoir les parents de Grégory...
Et pourquoi une telle inaction de sa part, Bernard ?
POLICE
Eh bien, tout d'abord, parce qu'un garde des Sceaux n'a pas à intervenir dans une affaire judiciaire. La chancellerie n'interfère jamais auprès des magistrats, même s'il lui arrive de donner des consignes aux procureurs...
Cependant, le principal problème est lié aux divergences idéologiques majeures entre le garde des Sceaux et l'avocat de Christine Villemin, Maître Garaud. Rappelons qu'à l'époque des faits il était l'avocat du principal syndicat de police...
ON PEUT COUPER LA RADIO, S'IL VOUS PLAÎT ?
... Garaud est un fervent défenseur du droit à la légitime défense et farouche opposant à l'abolition de la peine de mort... L'affaire Grégory n'est pas qu'un sordide fait divers...
CLIC

* En 1972, Roger Knobelspiess est condamné à quinze ans de prison pour un vol à main armée qu'il nie avoir commis. En 1976, il ne réintègre pas la prison après une permission et commet des vols à main armée ; il est à nouveau arrêté. Il rencontre Jacques Mesrine en prison. Il justifie la délinquance par les inégalités de la société bourgeoise et obtient le soutien de nombreux intellectuels en vue. Gracié par François Mitterrand en 1981, il est de nouveau arrêté et incarcéré en 1983 pour un braquage qu'il nie encore avoir commis. Il se coupe alors un doigt qu'il envoie au garde des Sceaux, Robert Badinter, pour protester contre l'injustice de son emprisonnement. Il sera acquitté en janvier 1986.

JEAN-MARIE !!! UN MOT...
COMMENT VOUS SENTEZ-VOUS ? QUEL EST VOTRE ÉTAT D'ESPRIT ?...
JEAN-MARIE, PAR ICI...
JEAN-MARIE !!! CROYEZ-VOUS TOUJOURS QUE LAROCHE A TUÉ GRÉGORY ?
OÙ EST CHRISTINE ? JEAN-MARIE, VOTRE FEMME VOUS SOUTIENT-ELLE TOUJOURS ?

POURQUOI JE SUIS DANS CETTE CAGE ?
QUESTION DE SÉCURITÉ.
LA COUR !

L'AUDIENCE REPREND.
PLUS DE HUIT ANS ET DEUX HEURES ET DEMIE DE RETARD... IL ÉTAIT TEMPS...
SILENCE, JE VOUS PRIE... HUM ! ACCUSÉ, LEVEZ-VOUS !
VEUILLEZ DÉCLINER VOS NOM, PRÉNOM ET QUALITÉ.
VILLEMIN, JEAN-MARIE. TECHNICIEN DE LABORATOIRE EN R&D.

MONSIEUR LE PRÉSIDENT, AVANT DE COMMENCER, J'AI UNE REQUÊTE.
NOUS DEMANDONS QUE MA CLIENTE, MURIELLE BOLLE, SOIT INSCRITE COMME PARTIE CIVILE ET NON COMME TÉMOIN, DE SORTE QU'ELLE PUISSE PARTICIPER AUX DÉBATS ET SUIVRE LES AUDIENCES DE BOUT EN BOUT...
NON !
LA DÉFENSE S'Y OPPOSE FERMEMENT : MURIELLE BOLLE NE PEUT EN AUCUN CAS ÊTRE CONSIDÉRÉE COMME VICTIME DANS CETTE AFFAIRE ALORS QU'ELLE APPARAÎT COMME COMPLICE DE BERNARD LAROCHE DANS LE RAPT DE L'ENFANT !
IL EST CLAIR QUE SES RÉTRACTATIONS QUANT À SA PRÉSENCE AUX CÔTÉS DE BERNARD LAROCHE SONT DUES AUX PRESSIONS TANT MORALES QUE PHYSIQUES QU'ELLE A SUBIES, À COMMENCER PAR CELLES DE SA PROPRE SOEUR : MARIE-ANGE LAROCHE !
NON, NON, NON...
NOUS DÉMONTRERONS QUE JEAN-MARIE VILLEMIN ÉTAIT CONVAINCU, AU MOMENT DU MEURTRE, DE LA CULPABILITÉ DE SON COUSIN BERNARD...
POUR Y PARVENIR PARFAITEMENT, NOUS AVONS BESOIN D'UNE AUDITION SINCÈRE ET HONNÊTE DE MURIELLE BOLLE ! CONDITIONS QUI NE PEUVENT ÊTRE REMPLIES QUE SI ELLE COMPARAÎT EN TANT QUE TÉMOIN !
MONSIEUR L'AVOCAT GÉNÉRAL ?
HUM... JE SUGGÈRE À LA COUR DE RECEVOIR LES DEMANDES DES PARTIES CIVILES.

MAIS ENFIN, MONSIEUR LE PRÉSIDENT, SOYONS SÉRIEUX ! MURIELLE BOLLE EST LE TÉMOIN CLÉ DE CETTE AFFAIRE, VOUS N'ALLEZ PAS PRIVER LA DÉFENSE D'UNE AUDITION QU'ELLE ATTEND DEPUIS DES ANNÉES !
MONSIEUR LE PRÉSIDENT, NOUS DEMANDONS ÉGALEMENT QUE MESSIEURS LUCIEN BOLLE PÈRE ET FILS SOIENT INTÉGRÉS À LA PARTIE CIVILE, EN VERTU DES MÊMES RAISONS D'UNITÉ FAMILIALE...
L'UNITÉ FAMILIALE ?! IL LEUR A FALLU HUIT ANS POUR SE DÉCOUVRIR DES SENTIMENTS D'AFFECTION À L'ÉGARD DE LEUR GENDRE ET BEAU-FRÈRE !
JE DEMANDE À MON AIMABLE CONSŒUR ET TEMPÉTUEUSE CONTRADICTRICE DE GARDER SES NERFS ET DE NE PAS SE TROMPER DE VICTIME NI D'ACCUSÉ !
MAÎTRE PROMPT !!! L'INTOLÉRABLE MISOGYNIE ET LA CONDESCENDANCE DONT VOUS FAITES PREUVE DANS VOS PROPOS N'ONT PAS LEUR PLACE DANS UN TRIBUNAL, NI AILLEURS D'AILLEURS !
HA HA HA ! CALMEZ-VOUS, MON CHER CONFRÈRE, VOUS ALLEZ NOUS FAIRE UNE CRISE CARDIAQUE !
CELA VOUS ARRANGERAIT BIEN, N'EST-CE PAS ? MAIS, RASSUREZ-VOUS, JE NE VOUS FERAI PAS CETTE JOIE !
MESSIEURS ! UN PEU DE RETENUE, NOUS N'ALLONS PAS COMMENCER COMME CELA...
MONSIEUR VILLEMIN, DÉSIREZ-VOUS AJOUTER QUELQUE CHOSE ?
JE VEUX JUSTE QUE MURIELLE DISE LA VÉRITÉ SUR LA MORT DE MON ENFANT.

C'est aujourd'hui que s'est ouvert aux assises de Dijon le procès de Jean-Marie Villemin pour l'assassinat de son cousin Bernard Laroche.
... Nous retrouvons Dominique Verdeilhan aux assises de la Côte-d'Or.
Villemin
2
En effet. Après avoir passé sa première nuit en prison depuis sa libération en décembre 1987, Jean-Marie Villemin est arrivé peu après 8 heures au tribunal.
Si l'affaire Grégory ne passionne plus les foules, elle continue en revanche d'attirer la presse : plus de soixante-cinq journalistes sont accrédités pour assister aux débats !
Marie-Ange Bolle-Laroche est arrivée accompagnée de son père Lucien, de sa sœur Murielle et de son frère Lucien.
J'ATTENDS LA JUSTICE POUR MON MARI !
Nous avons assisté ce matin à la première passe d'armes entre les ténors du barreau qui représentent les deux parties.
Au centre du conflit : Murielle Bolle. La petite belle-sœur qui accusa formellement Bernard Laroche avant de se rétracter... C'est sans nul doute le témoin clé de toute l'affaire Grégory. Elle seule détient à coup sûr la vérité !

Si elle était retenue comme témoin, elle n'assisterait pas aux débats, hormis durant ses temps de comparution…
En revanche, acceptée comme partie civile, elle pourrait suivre les audiences de bout en bout. La défense, qui compte bien voir la jeune femme craquer enfin à la barre, envisage d'un très mauvais œil la seconde hypothèse et demande à la cour de refuser cette constitution de partie civile intervenue en dernière minute…
… Finalement, après trente minutes de délibéré, la demande de constitution de Lucien Bolle père est rejetée. Celles de son fils Lucien et de sa fille Murielle sont acceptées.
… La défense vient, à l'évidence, de perdre ce premier combat !
Dominique Verdeilhan 2
C'EST PAS DRAMATIQUE, VOS AVOCATS ET LES JOURNALISTES ONT BIEN COMPRIS…
TU… TU AS VU LES IMAGES DE JEAN-MARIE. IL EST ENCORE PLUS MAIGRE QUE LORSQU'IL EST PARTI… IL EST TELLEMENT PÂLE…
HUM… C'EST LA TÉLÉ QUI DONNE CETTE IMPRESSION. NE T'INQUIÈTE PAS, TON MARI, C'EST UN BATTANT. IL EST FORT, IL NE CRAQUERA PAS ! JE L'AI VU CE MATIN DANS SES YEUX… C'EST UN ROC !
CLAUDE A RAISON… JEAN-MARIE NE VA PAS CRAQUER. VOUS ALLEZ SURMONTER ÇA, COMME VOUS AVEZ SURMONTÉ TOUT LE RESTE…

4 novembre – jour 2.
MONSIEUR VILLEMIN, J'AIMERAIS MAINTENANT VOUS ENTENDRE...
POUVEZ-VOUS NOUS PARLER DE VOUS ? VOTRE ENFANCE, VOTRE RENCONTRE AVEC VOTRE FEMME ?
JE... JE CONNAIS PEU DE CHOSES DE LA FAMILLE DE MON PÈRE. JE SAIS QU'ELLE EST INSTALLÉE DEPUIS TOUJOURS DANS LES VOSGES. IL A D'ABORD ÉTÉ MAÇON PUIS IL EST DEVENU OUVRIER DE FILATURE.
NOUS N'ÉTIONS PAS TRÈS PROCHES. ET PUIS, AVEC L'ÂGE, JE ME SUIS RAPPROCHÉ DE LUI. C'ÉTAIT UN HOMME TRAVAILLEUR, DUR À LA TÂCHE, HONNÊTE... JE LE TROUVAIS... FRANC.
LA FAMILLE DE MA MÈRE, LES JACOB, ÉTAIT TRÈS NOMBREUSE. ILS VIENNENT D'AUMONTZEY, UN PETIT VILLAGE ENTRE ÉPINAL ET GÉRARDMER. TOUT LE MONDE OU PRESQUE EST OUVRIER DANS LES FILATURES OU LES SCIERIES.
MA MÈRE A ATTENDU SON PREMIER ENFANT SANS ÊTRE MARIÉE. ELLE EN A EU CINQ APRÈS. C'ÉTAIT UNE MÈRE DOUCE ET PROTECTRICE, ELLE S'OCCUPAIT BEAUCOUP DE NOUS... UN PEU PLUS DE MON FRÈRE MICHEL QUI ÉTAIT...
NERVEUSEMENT FRAGILE.
EN VIEILLISSANT, J'AI PRIS UN PEU MES DISTANCES AVEC ELLE...

POURQUOI AVEZ-VOUS "PRIS VOS DISTANCES" AVEC VOTRE MÈRE ?
HUM... À CAUSE DE LA MANIÈRE QU'ELLE A D'ÊTRE TOUJOURS D'ACCORD AVEC VOUS EN FACE ET DE DIRE PARFOIS L'INVERSE DANS VOTRE DOS. MAIS ÇA NE M'EMPÊCHE PAS DE L'AIMER.
J'AI EU UNE ENFANCE HEUREUSE. J'ÉTAIS DÉBROUILLARD, AUTONOME. JE N'AVAIS PAS DE PROBLÈME À L'ÉCOLE, MAIS MA PASSION, C'ÉTAIT SURTOUT LA NATURE. J'ÉTAIS HEUREUX EN FORÊT.
VOUS ÉTIEZ PROCHE DE VOTRE COUSIN BERNARD LAROCHE ?
À 10 ANS, ON S'ÉTAIT REGROUPÉS EN DEUX BANDES DE GAMINS. D'UN CÔTÉ, MON FRÈRE MICHEL ET DEUX COUSINS JACOB. DE L'AUTRE, MON FRÈRE AÎNÉ JACKY, NOTRE COUSIN BERNARD LAROCHE ET MOI.
ILS ÉTAIENT UN PEU PLUS ÂGÉS QUE MOI. BERNARD ÉTAIT LE MENEUR. ON S'ENTENDAIT BIEN.
VERS 15-16 ANS, ON A COMMENCÉ À SORTIR, ON ALLAIT AU CINÉMA, AU BAL, DES TRUCS DE NOTRE ÂGE. IL CONNAISSAIT DÉJÀ MARIE-ANGE BOLLE.
C'EST À CETTE ÉPOQUE QUE VOUS AVEZ RENCONTRÉ VOTRE FEMME ?
CHRISTINE, JE L'AI CONNUE LE 7 AVRIL 1976. JE M'EN SOUVIENS COMME SI C'ÉTAIT HIER... ÇA A ÉTÉ LE COUP DE FOUDRE IMMÉDIAT. J'ÉTAIS À MOTO ET JE L'AI APERÇUE PRÈS D'UN PONT AVEC UNE AMIE... J'AI TOUT DE SUITE REMARQUÉ SON SOURIRE, SES DEUX PETITES FOSSETTES ET SES YEUX... ON S'EST EMBRASSÉS POUR LA PREMIÈRE FOIS QUELQUES JOURS PLUS TARD. ON NE S'EST PLUS JAMAIS QUITTÉS. NOUS NOUS SOMMES INSTALLÉS EN 1978 DANS UN HLM À LÉPANGES-SUR-VOLOGNE ET PUIS ON S'EST MARIÉS LE 20 JANVIER. NOUS ÉTIONS BIEN ENSEMBLE. AVEC CHRISTINE, J'AI L'IMPRESSION D'ÊTRE... ENTIER. C'EST L'AUTRE PARTIE DE MOI-MÊME.

VOUS AVEZ VOULU UN ENFANT ASSEZ RAPIDEMENT ?
OUI. NOUS ÉTIONS PRÊTS. CHRISTINE S'EST BEAUCOUP OCCUPÉE DE SA NIÈCE BÉBÉ ET MOI J'AI GARDÉ MON PETIT FRÈRE LIONEL QUAND IL N'AVAIT PAS 1 AN ET QUE MES PARENTS TRAVAILLAIENT.
GRÉGORY EST NÉ LE 24 AOÛT 1980. EN JUIN 1981, NOUS NOUS SOMMES INSTALLÉS DANS NOTRE CHALET QUI VENAIT D'ÊTRE TERMINÉ, SUR LE PLATEAU DE LÉPANGES.
... LA MAISON DU BONHEUR.
LA MORT DE GRÉGORY, QU'EST-CE QUE ÇA A CHANGÉ ?
NOUS AVONS VÉCU CHEZ...
... ON VIVAIT...
ON NE VIVAIT PAS.

* Le capitaine de gendarmerie responsable de l'enquête.

MONSIEUR VILLEMIN, POUVEZ-VOUS NOUS RACONTER LA JOURNÉE DU 16 OCTOBRE 1984 ?
C'ÉTAIT UN MARDI, IL FAISAIT BEAU. J'AI EMMENÉ GRÉGORY À L'ÉCOLE ET JE SUIS PARTI À LA SALLE DE SPORT...
J'AVAIS 20 ANS LORSQUE J'AI MIS AU MONDE GRÉGORY. C'EST UN PEU ÉTRANGE DE DEVENIR MÈRE QUAND ON A SOI-MÊME L'IMPRESSION D'ÊTRE ENCORE L'ENFANT DE SA PROPRE MÈRE...

C'ÉTAIT UN DIMANCHE, LE 24 AOÛT 1980. L'ACCOUCHEMENT A ÉTÉ DIFFICILE. JE SUIS RESTÉ TOUT LE TEMPS AUPRÈS DE TOI. LORSQU'IL EST ENFIN ARRIVÉ, J'AI EXPLOSÉ DE JOIE... J'ÉTAIS COMME UN FOU ! JE COURAIS DANS LES COULOIRS DE L'HÔPITAL... JE SUIS ALLÉ VOIR TA MÈRE ET J'AI HURLÉ : "C'EST UN GAMIN !!!"
IL M'A FALLU UN PEU DE TEMPS POUR ME REMETTRE DE L'ACCOUCHEMENT. JE N'AI PU RENTRER À LA MAISON QU'EN SEPTEMBRE.
MON PÈRE AVAIT FAIT UN LIT AVEC LE BOIS D'UNE VIEILLE ARMOIRE. JE L'AVAIS DÉCAPÉ, VERNI ET REMIS À NEUF. GRÉGORY DORMAIT DANS SA CHAMBRE, TOUT PRÈS DE NOUS AVEC LA PORTE OUVERTE...
JE VOULAIS L'ENTENDRE. QUAND ON DEVIENT PARENT, ON APPREND CE QUE C'EST QU'UN AMOUR INCONDITIONNEL, MAIS ON DÉCOUVRE AUSSI LA PEUR... ON ENVISAGE TOUJOURS CE QUI POURRAIT ARRIVER DE PIRE...
MAIS, CE QUI EST ARRIVÉ À GRÉGORY, MÊME DANS NOS PIRES CAUCHEMARS, ON NE POUVAIT PAS L'IMAGINER...

GRÉGORY EST UN ENFANT LUMINEUX.
ESPIÈGLE, DOUX, JOYEUX.
IL EST TRÈS EN AVANCE SUR SON ÂGE. À 2 ANS, IL PARLE DÉJÀ TRÈS BIEN. IL AIME LE THÉ AU LAIT, LE FOOT, LES PROMENADES EN MOTO DANS LA FORÊT, MICHAEL JACKSON, SON KIKI ET L'INSPECTEUR GADGET...
C'EST UN GAMIN PLEIN DE VIE ET QUI ADORE FAIRE DES FARCES.
NOUNOURS, BISOUS !
HA! HA!
AVANT, JE CROYAIS QU'ON AVAIT UN PRESSENTIMENT QUAND UN MALHEUR ALLAIT NOUS TOMBER DESSUS. UNE ALERTE, UNE SORTE D'INSTINCT, QUELQUE CHOSE QUI NOUS DIT "ATTENTION !".
MAIS LÀ, RIEN.

16 octobre 1984.
HMMMM, ÇA SENT BON... QU'EST-CE QU'IL NOUS A PRÉPARÉ, PAPA ?
DU THÉ ET UNE SUCETTE !
EXACT ! MAIS AVANT ÇA IL FAUDRA BIEN MANGER TES BROCOLIS AUX ÉPINARDS !
NAAAAAN... C'EST PAS VRAI, NOUNOURS ! TU AS VU, J'AI MÊME PAS ABÎMÉ MON PANTALON TOUT NEUF À L'ÉCOLE. QUAND C'EST QUE TU ME DONNES UNE CLÉ POUR ACCROCHER À LA BOUCLE, COMME TOI ?
QUAND TU MANGERAS DES BROCOLIS ET DES ÉPINARDS, TU AURAS DROIT À TON PORTE-CLÉS. ÇA VOUDRA DIRE QUE TU ES UN GRAND GARÇON.

J'Y VAIS, MON AMOUR, JE NE DEVRAIS PAS FINIR TARD... J'AI FERMÉ LES VOLETS.
D'ACCORD... JE VAIS CHEZ LA NOUNOU APRÈS L'ATELIER ET ON REMONTE DIRECTEMENT À 17 HEURES. J'AI DU REPASSAGE EN RETARD.
AU REVOIR, MON TITI... SOIS SAGE AVEC MAMAN, HEIN ?
D'ACCORD, PAPA...
TU AS OUBLIÉ DE METTRE TON CHAPEAU DE COW-BOY... C'EST PAS TRÈS PRUDENT AVEC TOUS CES INDIENS QUI RÔDENT EN CE MOMENT...
MAIS, NOUNOURS, C'EST JUSTE UN CHAPEAU, PAS UN CASQUE... ÇA SERT À RIEN CONTRE LES INDIENS !
TU AS RAISON, JE SUIS BÊTE.

17 heures.
MAMAN, JE PEUX ALLER VOIR MON PETIT VEAU CHEZ M. MÉLINE ?
NON, NON, IL EST TARD. TU JOUES LÀ, DEVANT LA MAISON, TU VAS BIENTÔT RENTRER.
OH, C'EST PAS JUSTE ! JE VOULAIS VOIR LE VEAU, MOI...
TIENS, TON BONNET. METS-LE, IL Y A DU VENT, JE NE VEUX PAS QUE TU ATTRAPES DU MAL... ET ARRÊTE DE BOUDER, ON IRA VOIR LE VEAU DEMAIN, PROMIS.
Prix Nobel de médecine : un Britannique, un Allemand et un Danois, couronnés pour de savants travaux en immunologie... Vous êtes bien sur RTL, il est 17 h 03 l'heure de retrouver "Les Grosses Têtes"...

Rien que des grosses têtes, rien que des amis, rien que des gens spirituels... Stéphane Collaro...
GRÉGORY !
GRÉGORY ?
MONSIEUR MÉLINE ! VOUS N'AVEZ PAS VU GRÉGORY ?
BEEEN... NON, J'L'AI PAS VU, VOT'GAMIN...
GRÉGORY !!! MONTRE-TOI ! C'EST PAS DRÔLE... GRÉGORY !

VOUS VOULEZ BIEN RESTER LÀ, AU CAS OÙ IL REVIENDRAIT ? JE VAIS PRENDRE LA VOITURE POUR ALLER VOIR AU VILLAGE S'IL N'EST PAS RETOURNÉ JOUER AVEC SES COPAINS...
MADAME CLAUDON, JE... JE CHERCHE GRÉGORY...
J'L'AI PAS VU... J'ÉTAIS DANS LE PRÉ DU BAS, IL N'ÉTAIT PAS SUR LA ROUTE EN TOUT CAS...
NON... NON... NON... C'EST PAS POSSIBLE...
RRRRRRR...

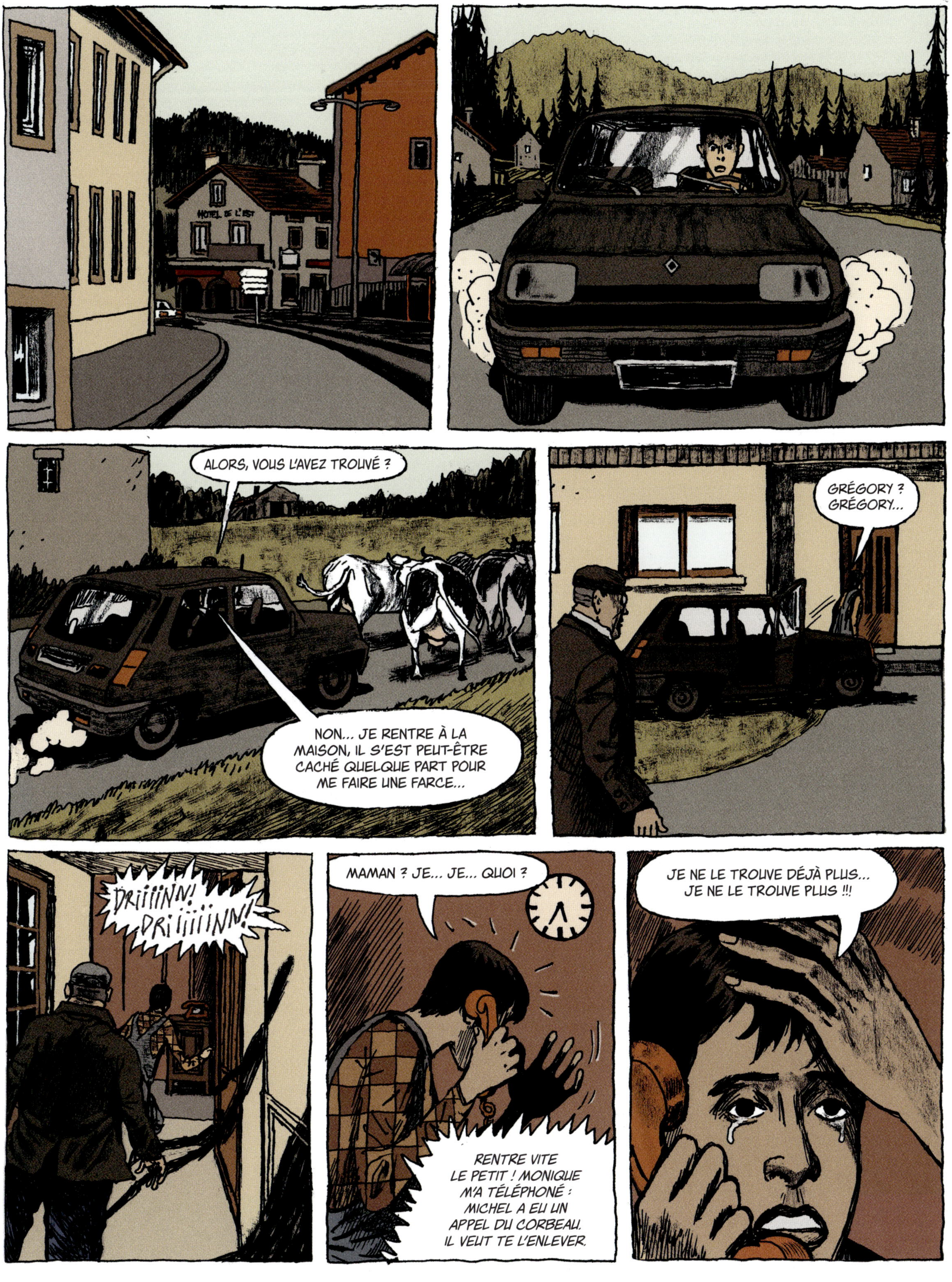
HOTEL DE L'EST
ALORS, VOUS L'AVEZ TROUVÉ ?
NON... JE RENTRE À LA MAISON, IL S'EST PEUT-ÊTRE CACHÉ QUELQUE PART POUR ME FAIRE UNE FARCE...
GRÉGORY ? GRÉGORY...
DRIIIINN!
DRIIIIIIINN!
MAMAN ? JE... JE... QUOI ?
RENTRE VITE LE PETIT ! MONIQUE M'A TÉLÉPHONÉ : MICHEL A EU UN APPEL DU CORBEAU. IL VEUT TE L'ENLEVER.
JE NE LE TROUVE DÉJÀ PLUS... JE NE LE TROUVE PLUS !!!

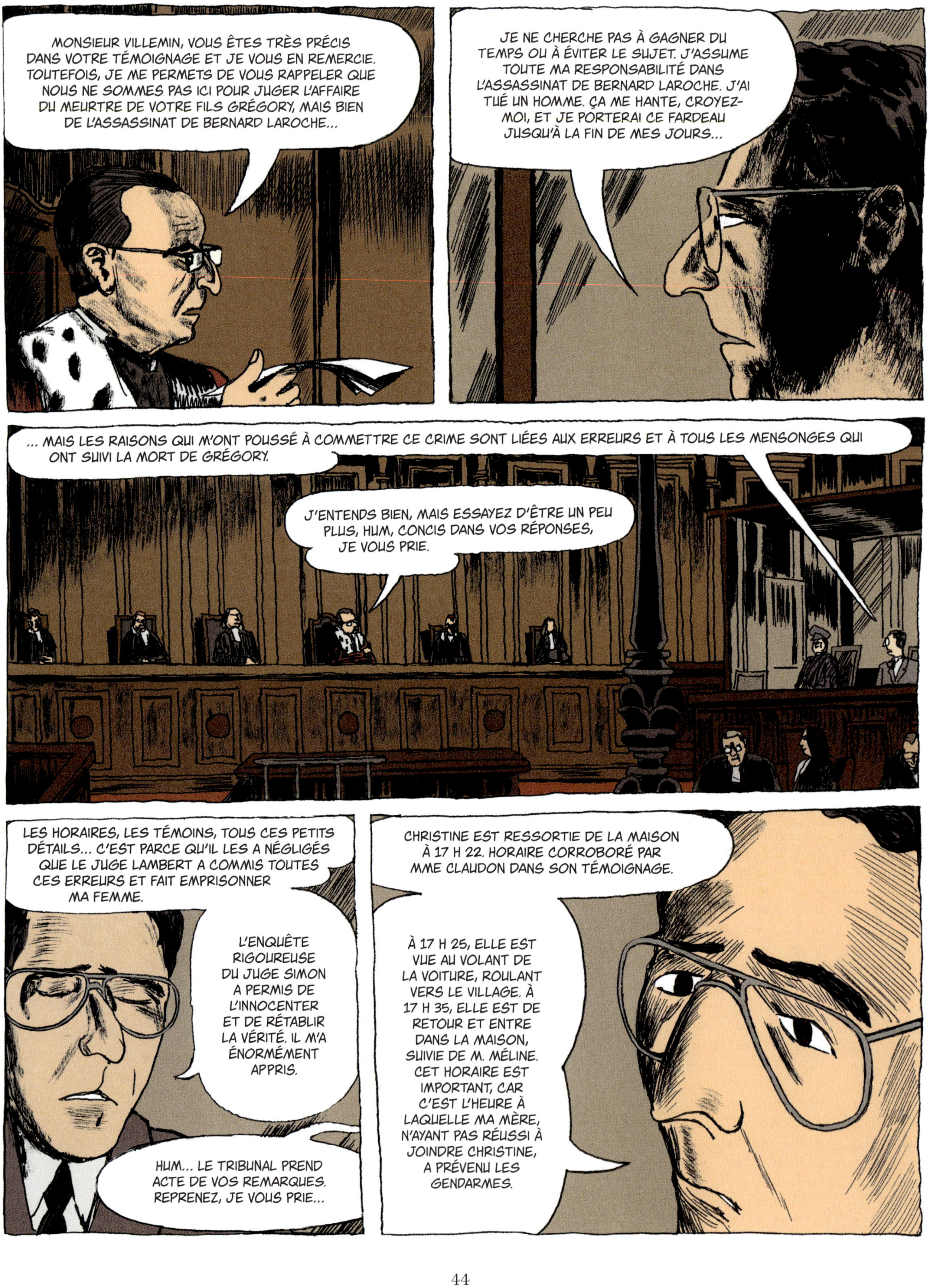
MONSIEUR VILLEMIN, VOUS ÊTES TRÈS PRÉCIS DANS VOTRE TÉMOIGNAGE ET JE VOUS EN REMERCIE. TOUTEFOIS, JE ME PERMETS DE VOUS RAPPELER QUE NOUS NE SOMMES PAS ICI POUR JUGER L'AFFAIRE DU MEURTRE DE VOTRE FILS GRÉGORY, MAIS BIEN DE L'ASSASSINAT DE BERNARD LAROCHE...
JE NE CHERCHE PAS À GAGNER DU TEMPS OU À ÉVITER LE SUJET. J'ASSUME TOUTE MA RESPONSABILITÉ DANS L'ASSASSINAT DE BERNARD LAROCHE. J'AI TUÉ UN HOMME. ÇA ME HANTE, CROYEZ-MOI, ET JE PORTERAI CE FARDEAU JUSQU'À LA FIN DE MES JOURS...
... MAIS LES RAISONS QUI M'ONT POUSSÉ À COMMETTRE CE CRIME SONT LIÉES AUX ERREURS ET À TOUS LES MENSONGES QUI ONT SUIVI LA MORT DE GRÉGORY.
J'ENTENDS BIEN, MAIS ESSAYEZ D'ÊTRE UN PEU PLUS, HUM, CONCIS DANS VOS RÉPONSES, JE VOUS PRIE.
LES HORAIRES, LES TÉMOINS, TOUS CES PETITS DÉTAILS... C'EST PARCE QU'IL LES A NÉGLIGÉS QUE LE JUGE LAMBERT A COMMIS TOUTES CES ERREURS ET FAIT EMPRISONNER MA FEMME.
L'ENQUÊTE RIGOUREUSE DU JUGE SIMON A PERMIS DE L'INNOCENTER ET DE RÉTABLIR LA VÉRITÉ. IL M'A ÉNORMÉMENT APPRIS.
HUM... LE TRIBUNAL PREND ACTE DE VOS REMARQUES. REPRENEZ, JE VOUS PRIE...
CHRISTINE EST RESSORTIE DE LA MAISON À 17 H 22. HORAIRE CORROBORÉ PAR MME CLAUDON DANS SON TÉMOIGNAGE.
À 17 H 25, ELLE EST VUE AU VOLANT DE LA VOITURE, ROULANT VERS LE VILLAGE. À 17 H 35, ELLE EST DE RETOUR ET ENTRE DANS LA MAISON, SUIVIE DE M. MÉLINE. CET HORAIRE EST IMPORTANT, CAR C'EST L'HEURE À LAQUELLE MA MÈRE, N'AYANT PAS RÉUSSI À JOINDRE CHRISTINE, A PRÉVENU LES GENDARMES.

C'EST À 17 H 32 QUE LE FILS CLAUDON, DESCENDANT DE SON CAR SCOLAIRE, INDIQUE AVOIR EFFECTIVEMENT VU CHRISTINE REMONTER LA ROUTE. UN DÉTAIL CAPITAL POUR LA SUITE DE L'ENQUÊTE.

VERS 17 H 50, MA MÈRE M'APPELLE À L'USINE. IL M'A FALLU UNE VINGTAINE DE MINUTES POUR ARRIVER À LA MAISON. COMME JE L'AI DIT, CHRISTINE ÉTAIT AU TÉLÉPHONE AVEC LES GENDARMES, ELLE A ESSAYÉ DE ME RETENIR, ELLE ÉTAIT PANIQUÉE. JE L'AI ENTENDUE CRIER AUX GENDARMES : "DÉPÊCHEZ-VOUS, IL VA CHEZ LES JACQUEL !"

Usine Autocoussin Industrie – La Chapelle-devant-Bruyères.
DRiiiii !!!
SALLE DE CONTRÔLE DES PUPITRES, JEAN-MARIE À L'APPAREIL...
MAMAN ?
... FAUT QUE TU RENTRES. VA VITE CHEZ TOI. LE CORBEAU DIT QU'IL A ENLEVÉ GRÉGORY. ON A REÇU UN COUP DE TÉLÉPHONE... J'ARRIVE PAS À JOINDRE CHRISTINE !
ALLÔ ? ALLÔ ? JEAN-MARIE ?
KRRRRRRRR !!

LORSQUE JE SUIS ENTRÉ DANS LA MAISON, CHRISTINE ÉTAIT AU TÉLÉPHONE AVEC LES GENDARMES. M. MÉLINE ÉTAIT DEBOUT À CÔTÉ D'ELLE. ELLE PLEURAIT.
J'AVAIS ROULÉ PIED AU PLANCHER DEPUIS L'USINE... J'ÉTAIS DANS UN ÉTAT DE STRESS TOTAL...
J'AI IMMÉDIATEMENT FONCÉ VERS LA CHAMBRE POUR PRENDRE MA CARABINE .22 LONG RIFLE.
EXCUSEZ-MOI DE VOUS INTERROMPRE, MONSIEUR VILLEMIN... JE NE SUIS PAS SÛR DE VOUS COMPRENDRE. VOUS ENTREZ DANS LA MAISON ET, SANS CHERCHER À PARLER AVEC VOTRE ÉPOUSE, VOUS FONCEZ IMMÉDIATEMENT PRENDRE UNE ARME ? POUR QUOI FAIRE ?
J'ÉTAIS COMME UN FOU... J'ÉTAIS SÛR QUE MON FILS ÉTAIT RETENU DANS LA FAMILLE DE MA BELLE-SŒUR.
MME JACQUEL, L'ÉPOUSE DE VOTRE FRÈRE JACKY, C'EST BIEN ÇA ?
DEMI-FRÈRE ! JACKY EST MON DEMI-FRÈRE.
AVIEZ-VOUS DES RAISONS PARTICULIÈRES DE LES SOUPÇONNER D'AVOIR ENLEVÉ GRÉGORY ?
OUI. MA BELLE-SŒUR ET SURTOUT SES PARENTS, PAULETTE ET ROGER JACQUEL, ÉTAIENT EN MAUVAIS TERMES AVEC LE RESTE DE LA FAMILLE. DÈS QUE LES APPELS DU CORBEAU ONT COMMENCÉ, NOUS LES AVONS SUSPECTÉS D'EN ÊTRE LES AUTEURS.

SI VOUS LE PERMETTEZ, NOUS AURONS LE TEMPS DE REVENIR SUR CES FAMEUX APPELS ANONYMES, AINSI QUE SUR LES LETTRES... MAIS D'OÙ VENAIENT CES SOUPÇONS ?
PLUSIEURS PETITS DÉTAILS : LE CORBEAU PRENAIT SANS ARRÊT LA DÉFENSE "DU BÂTARD", C'EST COMME ÇA QUE MICHEL APPELAIT JACKY. ET PUIS LA VOIX AU TÉLÉPHONE. UNE VOIX RAUQUE, CASSÉE. COMME CELLE DE ROGER JACQUEL, UN GROS FUMEUR.
NOUS AVONS TRAVAILLÉ ENSEMBLE, IL CONNAISSAIT CERTAINS DÉTAILS QUE LE CORBEAU UTILISAIT DURANT SES APPELS.
DONC VOUS AVEZ PENSÉ QU'IL POUVAIT AUSSI ÊTRE L'AUTEUR DE L'ENLÈVEMENT ?
BIEN SÛR. PUISQUE LE CORBEAU AVAIT PRÉVENU MICHEL QU'IL AVAIT PRIS MON GAMIN.
DONC VOUS DÉCIDEZ DE VOUS RENDRE CHEZ LES JACQUEL AVEC UNE ARME.
JE N'AVAIS QU'UNE CHOSE EN TÊTE : RÉCUPÉRER MON FILS. J'AI FONCÉ SANS VRAIMENT RÉFLÉCHIR. J'ÉTAIS CERTAIN DE TROUVER GRÉGORY LÀ-BAS.
SUR LA ROUTE, ENTRE 18 H 20 ET 18 H 30, J'AI VU LA VOITURE DE BERNARD LAROCHE QUI TOURNAIT VERS CHEZ SES BEAUX-PARENTS ET CELLE DE MES PARENTS QUI MONTAIT EN SENS INVERSE.

JE ME SUIS ARRÊTÉ. ILS M'ONT CONFIRMÉ QUE C'ÉTAIT LE MÊME CORBEAU QUI AVAIT APPELÉ. CELUI QUI NOUS HARCELAIT DEPUIS 1981.
JE LEUR AI JUSTE DIT : "JE SAIS CE QU'IL ME RESTE À FAIRE !"
QUAND JE SUIS ARRIVÉ DEVANT LA FERME DES JACQUEL, LA NUIT ÉTAIT PRATIQUEMENT TOMBÉE. J'AI VU UNE 4L STATIONNÉE ET J'AI CRU QUE C'ÉTAIENT LES GENDARMES. J'AI PENSÉ QU'ILS M'AVAIENT DEVANCÉ.
DONC VOUS DÉCIDEZ FINALEMENT DE RENONCER ?
OUI. SI LES GENDARMES ÉTAIENT LÀ, C'EST QUE GRÉGORY N'Y ÉTAIT PAS. J'AI FAIT DEMI-TOUR ET JE SUIS REVENU À LÉPANGES. IL AVAIT PEUT-ÊTRE ÉTÉ RETROUVÉ PRÈS DE LA MAISON...
TOUT LE MONDE ÉTAIT LÀ, SAUF GRÉGORY.
MICHEL, RÉPÈTE-MOI EXACTEMENT CE QUE LE CORBEAU T'A DIT !
... EUH... IL A DIT QU'IL AVAIT TÉLÉPHONÉ À CÔTÉ MAIS QUE ÇA RÉPONDAIT PAS, ALORS C'EST POUR ÇA QU'IL M'APPELAIT MOI. QU'IL S'ÉTAIT VENGÉ, QU'IL AVAIT PRIS LE FILS DU CHEF.
IL A DIT : "JE L'AI ÉTRANGLÉ ET JE L'AI JETÉ DANS LA VOLOGNE."
LA VOLOGNE !!! TU NE POUVAIS PAS LE DIRE PLUS TÔT ?!!!

SAPEURS-POMPIERS
TU TOMBES BIEN ! ON EST EN TRAIN DE DRAGUER TOUS LES ÉTANGS, UN GOSSE A DISPARU...
QUI ÇA ?
LE PETIT GRÉGORY VILLEMIN. FILE À DOCELLES, LE GAMIN EST PEUT-ÊTRE DANS LA VOLOGNE !
DANS LA VOLOGNE ? PFFF, C'EST N'IMPORTE QUOI...
VAS-Y, JE TE DIS... JEAN-PAUL ET SERGE SONT DÉJÀ PRÊTS. ALLEZ-Y TOUS LES TROIS.
VILLEMIN EST DÉJÀ EN AMONT AVEC SON PÈRE ET SON FRÈRE...
C'EST PAS POSSIBLE, JE SUIS AVEC IDALINA QU'EST ENCEINTE JUSQU'AUX YEUX ET À C'T HEURE...
VAS-Y, BON SANG ! ON DISCUTERA APRÈS. MOI, JE RETOURNE CHEZ LES VILLEMIN...

ARRÊTE UN PEU TES CONNERIES, SERGE. PASSE-MOI LA PILE ÉLECTRIQUE...
ROOO, SI ON PEUT PLUS S'AMUSER... T'SAIS QUE C'EST INTERDIT DE PÊCHER À LA TORCHE ICI...
LÀ !!! ÉCLAIRE DANS LES ROCHES... Y A QUELQUE CHOSE.
BON SANG, T'AS RAISON !
PFFF... C'EST UN SAC-POUBELLE !

NON, C'EST UN ANORAK... REGARDE ! ON DIRAIT... IL Y A... UN BONNET QUI DÉPASSE...

JEAN-PAUL ? QU'EST-CE QU'IL Y A ?
RIEN, EUH... DIS... HUM...
EUH... TON FILS... IL A UN BONNET À RAYURES ?
OUI, OUI... UN BONNET À RAYURES BLEUES, BLANC... VOUS L'AVEZ TROUVÉ ?
IL... IL EST DANS LA VOLOGNE À DOCELLES.
MORT.

JEAN-MARIE, EXCUSEZ-MOI, JE...
LES POMPIERS ONT SORTI LE CORPS... C'EST BIEN LE PETIT.
OÙ EST-IL ? JE VEUX LE VOIR !
NON, NON... C'EST INUTILE... ON A COMPARÉ AVEC LES PHOTOS, TU PEUX ME FAIRE CONFIANCE...
JE VEUX VOIR MON FILS !
... JE VAIS L'ACCOMPAGNER, M'SIEUR LE MAIRE.

DEVANT LA CASERNE, IL N'Y AVAIT PAS DE LUMIÈRE. J'AVANÇAIS COMME UN AUTOMATE. LA FOULE AUTOUR CRIAIT : "À MORT ! À MORT L'ASSASSIN !"
JE SUIS ENTRÉ DANS UN GARAGE SOMBRE. IL Y AVAIT JUSTE UNE TABLE AU MILIEU ET DESSUS... UNE FORME BRUNE, COMME UN SAC ÉCLAIRÉ PAR UNE LUMIÈRE CRUE.
QUELQU'UN A TIRÉ LA COUVERTURE. IL ÉTAIT LÀ. UN ŒIL À DEMI OUVERT... J'AI CRU... J'AI CRU QU'IL... MON CERVEAU EXPLOSAIT.
JE L'AI PRIS DANS MES BRAS... IL ME SEMBLAIT VIVANT... COMME S'IL DORMAIT. IL ÉTAIT... TELLEMENT BEAU.
IL ÉTAIT ENCORE SOUPLE. SA TÊTE PARTAIT EN ARRIÈRE. IL AVAIT UN PEU D'ÉCUME AU COIN DES LÈVRES. SES PIEDS ET SES POINGS ÉTAIENT LIÉS PAR UNE CORDELETTE AUX NŒUDS TRÈS LÂCHES.
ET PUIS MON PÈRE A ESSAYÉ DE ME TIRER EN ARRIÈRE. JE N'ARRÊTAIS PLUS DE PLEURER. ÇA COULAIT, ÇA COULAIT SUR LUI, SUR MOI. J'AI JURÉ À GRÉGORY QUE JE LE VENGERAIS. IL N'ARRIVAIT PAS À ME SÉPARER DE LUI ET PUIS... QUELQU'UN A DIT : "MONSIEUR VILLEMIN, IL FAUT QU'ON EMMÈNE LE PETIT À NANCY POUR L'AUTOPSIE."
JE SUIS RESSORTI DANS LA NUIT. TOUT ÉTAIT IRRÉEL. LES GENS, LA NUIT, LE MONDE. JE... JE L'AVAIS TOUCHÉ, SERRÉ DANS MES BRAS, ET POURTANT JE N'ARRIVAIS PAS À Y CROIRE... NON... JE N'ARRIVAIS PAS À CROIRE QUE GRÉGORY ÉTAIT...
MORT.

QUELQUES HEURES AVANT, GRÉGORY ÉTAIT DEHORS, IL RIAIT. J'AVAIS KLAXONNÉ EN PARTANT, COMME D'HABITUDE.
JE VOIS ENCORE SON SIGNE DE LA MAIN. C'ÉTAIT LA DERNIÈRE FOIS QUE JE LE VOYAIS VIVANT.
CETTE IMAGE ME HANTE ENCORE AUJOURD'HUI. J'AI RIEN VU VENIR. RIEN.
CHRISTINE AVAIT 24 ANS, MOI 26.

MONSIEUR LE PRÉSIDENT ? MA CLIENTE SOUHAITERAIT DIRE UN MOT SI VOUS PERMETTEZ...
ALLEZ-Y.
JE... JE COMPRENDS TRÈS BIEN L'ÉMOTION DE JEAN-MARIE VILLEMIN. JE COMPATIS À SA DOULEUR.
BERNARD AUSSI L'AVAIT RESSENTIE QUAND LE PETIT GRÉGORY A ÉTÉ TUÉ.
MAIS MON FILS SÉBASTIEN, À L'ÂGE DE 4 ANS, A RESSENTI LA MÊME DOULEUR QUAND SON PÈRE A ÉTÉ TUÉ.

JEAN-MARIE VILLEMIN, AMAIGRI ET VISIBLEMENT ÉPUISÉ, A ÉMU L'ASSEMBLÉE HIER, AVEC UN TÉMOIGNAGE POIGNANT D'UNE SINCÉRITÉ DÉCHIRANTE.
PARFOIS CONFUS, TRANSPERCÉ PAR LA DOULEUR INDICIBLE DU 16 OCTOBRE 1984, SOUVENT PRÉCIS, NOTAMMENT À L'ÉNONCÉ DES PREUVES ÉDIFIANTES QUI INNOCENTENT DÉFINITIVEMENT SA FEMME CHRISTINE...
... JEAN-MARIE VILLEMIN A RAPPELÉ AU PRÉSIDENT RUYSSEN LES CIRCONSTANCES QUI L'ONT AMENÉ À ASSASSINER BERNARD LAROCHE LE 29 MARS 1985, AVANT D'AJOUTER : "J'ÉTAIS CONVAINCU DE SA CULPABILITÉ. JE VOULAIS À TOUT PRIX TUER L'ASSASSIN DE MON FILS. CHRISTINE PARTAGEAIT MON DÉSIR DE VENGEANCE. ON SAVAIT QU'ON IRAIT EN PRISON."
JEAN-MARIE VILLEMIN A PARLÉ, MURMURÉ, PLEURÉ, SUFFOQUÉ, PARFOIS PROCHE DE L'ÉVANOUISSEMENT. MAIS JAMAIS IL N'A CRIÉ. AVEC DES MOTS SIMPLES, IL A DIT L'AMOUR QU'IL PORTAIT À SA FEMME, L'INFINIE TENDRESSE QU'IL VOUAIT À SON FILS, LA SPIRALE DE DOULEUR, CE TOURBILLON DE VIOLENCE QUI L'A CONDUIT À COMMETTRE CE GESTE FOU, QU'IL DIT ASSUMER, MÊME S'IL "ACCEPTE L'IDÉE D'AVOIR PU SE TROMPER".
C'EST AU TOUR DE CHRISTINE VILLEMIN D'ÊTRE ENTENDUE PAR LA COUR. CELLE QUE TOUT LE MONDE ATTEND DEVRAIT APPORTER L'ÉCLAIRAGE D'UNE MÈRE SUR CETTE TRAGÉDIE.

MADAME VILLEMIN, VOUS COMPARAISSEZ AUJOURD'HUI EN TANT QUE SIMPLE TÉMOIN...
... MADAME ? MADAME VILLEMIN ?
... EUH, OUI... PARDON, EXCUSEZ-MOI...
J'AI CONNU JEAN-MARIE EN... ENFIN QUAND IL EST SORTI DU SERVICE MILITAIRE. ON S'EST MIS EN MÉNAGE. NOUS AVONS FAIT... NOUS AVONS EU GRÉGORY. IL EST VENU AU MONDE...
GRÉGORY EST... JE... J'AI DU MAL À PARLER. JE M'EXCUSE... HUM...
GRÉGORY EST VENU AU MONDE LE 24 AOÛT 1980. C'EST DOULOUREUX D'ÉVOQUER CES MOMENTS QUE NOUS AVONS VÉCUS.
NOUS AVONS LE TEMPS, MADAME VILLEMIN. JE VOUS EN PRIE...
JE NE SUIS PAS ASSEZ FORTE.

VOTRE MARIAGE ÉTAIT-IL HEUREUX ? DANS L'UNE DE VOS DÉPOSITIONS, VOUS AVEZ ÉVOQUÉ UNE "DISPUTE VIOLENTE" AVEC JEAN-MARIE VILLEMIN AINSI QU'UNE "FUGUE"...
NOUS AVIONS UNE VIE SIMPLE. NOUS NOUS SOMMES TOUJOURS AIMÉS. JEAN-MARIE M'A TOUJOURS SOUTENUE... TOUJOURS. ENTRE NOUS, C'EST L'AMOUR, LE VRAI.
CE SONT LES JOURNALISTES QUI ONT DÉFORMÉ TOUS MES PROPOS. COMME CHAQUE FOIS. NOUS NOUS ÉTIONS DISPUTÉS À CAUSE D'UNE BROUTILLE : JEAN-MARIE VOULAIT ACHETER UN TERRAIN À AUMONTZEY. IL ÉTAIT RENTRÉ TARD APRÈS AVOIR DISCUTÉ DE ÇA AVEC SA MÈRE AVANT DE M'EN PARLER.
JE N'ÉTAIS PAS D'ACCORD. LE TON EST MONTÉ ET IL M'A GIFLÉE. JE LUI AI DIT QUE JE N'ACCEPTERAIS JAMAIS D'ÊTRE BATTUE.
EN FIN DE JOURNÉE, JE SUIS PARTIE EN LAISSANT UN MOT. JE SUIS ALLÉE CHEZ MA MÈRE, ET CERTAINEMENT PAS À NICE COMME ÇA A ÉTÉ DIT. JE SUIS RESTÉE DEUX JOURS ET NON PAS QUINZE. JEAN-MARIE M'A CHERCHÉE PARTOUT... IL ÉTAIT... DÉSESPÉRÉ.
CETTE HISTOIRE NOUS A FAIT COMPRENDRE QU'IL FALLAIT DIALOGUER. CE N'EST JAMAIS PLUS ARRIVÉ. JEAN-MARIE EST UN HOMME TENDRE, MÊME S'IL PARAÎT FROID DE L'EXTÉRIEUR. IL EST TRÈS JUSTE, DROIT ET SINCÈRE. LUI ET MOI, ON NE SE RESSEMBLE PAS, MAIS... ENFIN... ON SE CONFOND.
QUELLES ÉTAIENT VOS RELATIONS AVEC LA FAMILLE VILLEMIN ?
BONNES DANS L'ENSEMBLE, MALGRÉ QUELQUES DIFFICULTÉS AVEC GINETTE ET MICHEL. TOUT LE MONDE SE PARLAIT... ON S'ENTENDAIT BIEN, MÊME AVEC JACKY ET SA FEMME, ÇA ALLAIT...
ET AVEC BERNARD ET MARIE-ANGE LAROCHE ?
NOUS N'AVIONS PAS D'AFFINITÉS, MAIS PAS NON PLUS DE HEURTS. IL Y A JUSTE EU CET INCIDENT... LA FOIS OÙ IL M'A FAIT DU PIED SOUS LA TABLE LORS DU MARIAGE DE JACQUELINE ET BERNARD NOËL. C'EST TOUT.

MAIS TOUT ÇA N'AVAIT PAS D'IMPORTANCE… NOUS AVIONS CONSTRUIT NOTRE UNIVERS AUTOUR DE GRÉGORY, LE RESTE NE COMPTAIT PAS.
LE MATIN, IL VENAIT DANS NOTRE LIT, IL SE METTAIT AU MILIEU. UN BRAS SOUS MA TÊTE, L'AUTRE SOUS LA TÊTE DE SON PÈRE…
C'ÉTAIT… MON PETIT BONHOMME. IL ME MANQUE À HURLER.
DEPUIS LE JOUR OÙ… JE… JE NE PEUX PAS M'EMPÊCHER DE PENSER AU CAVEAU ET… ET… LUI TOUT SEUL QUI NOUS ATTEND. C'EST IMPOSSIBLE DE CHASSER CETTE IMAGE ! ELLE EST PLUS FORTE QUE TOUT… ELLE ME PREND LÀ… CETTE DOULEUR…
ON MET TELLEMENT DE TEMPS À ACCEPTER QU'IL EST MORT… POUR TOUJOURS…
HUM… NOUS AURONS LE TEMPS D'Y REVENIR PLUS TARD… S'IL VOUS PLAÎT, POUVEZ-VOUS DÉVELOPPER UN PEU CONCERNANT VOS RELATIONS AVEC LE COUPLE LAROCHE ?
ON N'ALLAIT PAS CHEZ EUX, ET EUX NE VENAIENT PAS CHEZ NOUS. IL FAUT DIRE QUE… JE M'EXCUSE… MAIS, CHEZ LES LAROCHE, DU VENDREDI AU DIMANCHE SOIR, C'ÉTAIT LA BRINGUE.
VOUS N'AIMEZ PAS FAIRE LA FÊTE ?
SI BIEN SÛR. MAIS PAS BESOIN DE SE SAOULER POUR ÇA. ET PUIS, COMME JE L'AI DIT, NOUS AVIONS GRÉGORY…

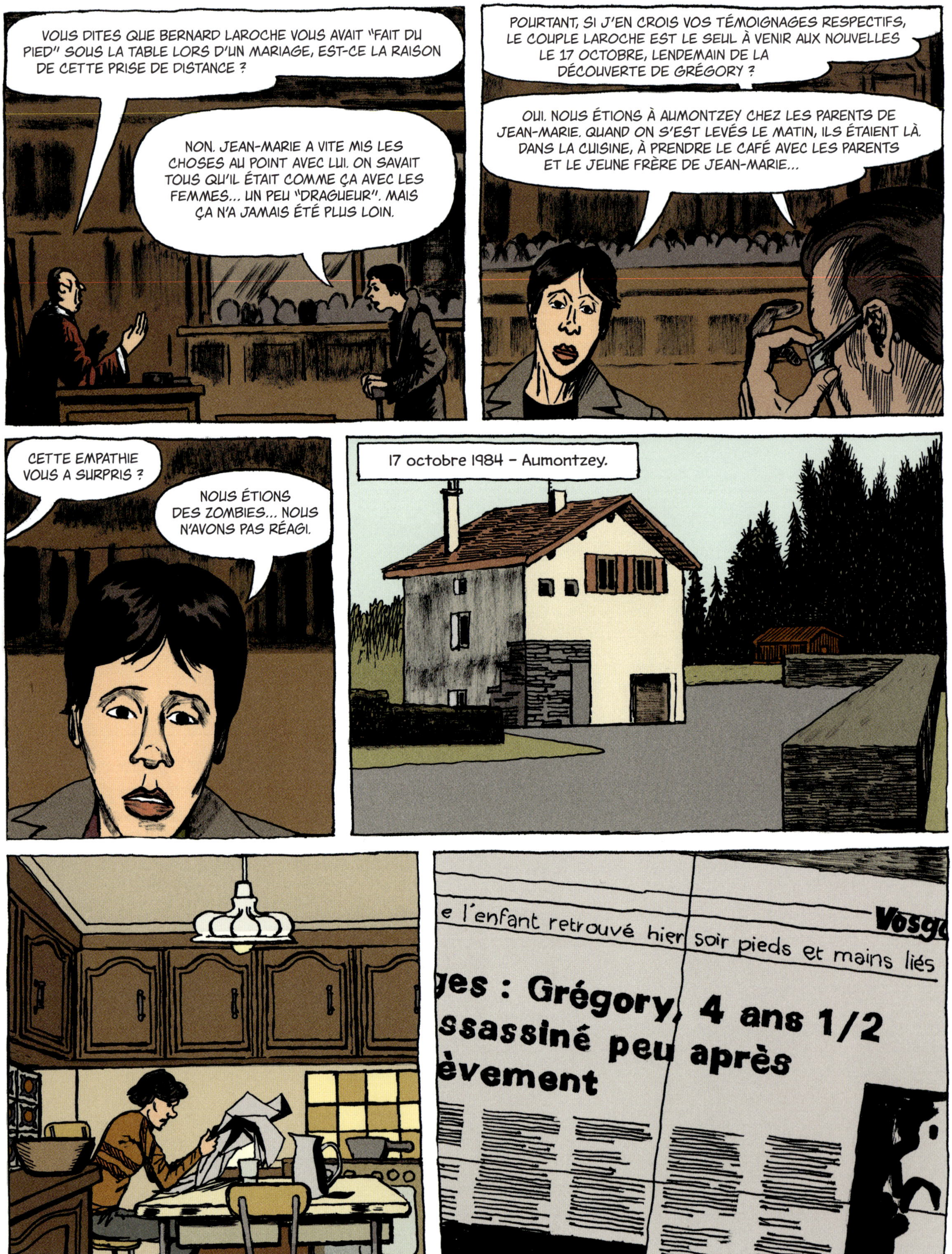

VOUS DITES QUE BERNARD LAROCHE VOUS AVAIT "FAIT DU PIED" SOUS LA TABLE LORS D'UN MARIAGE, EST-CE LA RAISON DE CETTE PRISE DE DISTANCE ?
NON. JEAN-MARIE A VITE MIS LES CHOSES AU POINT AVEC LUI. ON SAVAIT TOUS QU'IL ÉTAIT COMME ÇA AVEC LES FEMMES... UN PEU "DRAGUEUR". MAIS ÇA N'A JAMAIS ÉTÉ PLUS LOIN.
POURTANT, SI J'EN CROIS VOS TÉMOIGNAGES RESPECTIFS, LE COUPLE LAROCHE EST LE SEUL À VENIR AUX NOUVELLES LE 17 OCTOBRE, LENDEMAIN DE LA DÉCOUVERTE DE GRÉGORY ?
OUI. NOUS ÉTIONS À AUMONTZEY CHEZ LES PARENTS DE JEAN-MARIE. QUAND ON S'EST LEVÉS LE MATIN, ILS ÉTAIENT LÀ. DANS LA CUISINE, À PRENDRE LE CAFÉ AVEC LES PARENTS ET LE JEUNE FRÈRE DE JEAN-MARIE...
CETTE EMPATHIE VOUS A SURPRIS ?
NOUS ÉTIONS DES ZOMBIES... NOUS N'AVONS PAS RÉAGI.
17 octobre 1984 – Aumontzey.
e l'enfant retrouvé hier soir pieds et mains liés
Vosg
ges : Grégory, 4 ans 1/2
ssassiné peu après
èvement

C'EST PAS POSSIBLE !!! POURQUOI ILS ÉCRIVENT ÇA SUR MON TITI ?
TU... TU AS DIT QU'IL ÉTAIT BEAU... QU'IL N'AVAIT PAS SOUFFERT...
CHUT... CHUT...
ASSIEDS-TOI, JE VAIS TE DIRE... LA VÉRITÉ.

ON NE VIVAIT PLUS, VOUS COMPRENEZ ? ON ÉTAIT MORTS À L'INTÉRIEUR... COMMENT LES AUTRES POUVAIENT-ILS CONTINUER À RESPIRER ALORS QU'ON SUFFOQUAIT ? LA JOURNÉE, C'ÉTAIT L'ENFER... ET LA NUIT, C'ÉTAIT... C'ÉTAIT PIRE.
JE NE FAISAIS QUE RESSASSER... REFAIRE LE FILM... J'AVAIS SI MAL.
IL A FROID... IL A PEUR... MON PETIT BONHOMME... MON TITI. POURQUOI ? POURQUOI ? POURQUOI ? POURQUOI NOUS ?
ET SI J'AVAIS DIT NON ? ... SI SEULEMENT J'AVAIS REFUSÉ QU'IL SORTE...
MAMAN, JE PEUX ALLER VOIR MON PETIT VEAU CHEZ MONSIEUR MÉLINE ?
NON, NON, TU AS DÉJÀ BEAUCOUP JOUÉ ET PAPA VA BIENTÔT RENTRER.
S'IL TE PLAÎT, MAMAN... PAS LONGTEMPS...
NON, MON TITI, IL EST DÉJÀ TARD. JE PRÉFÈRE QUE TU RESTES JOUER À L'INTÉRIEUR...

... QUELQUES SECONDES PEUVENT BRISER UNE VIE. CHAQUE FOIS QU'ON PENSAIT AVOIR TOUCHÉ LE FOND, ON S'ENFONÇAIT ENCORE PLUS...

ZIIIP!
EXCUSEZ-MOI, IL EST L'HEURE... JE DOIS L'EMMENER.
NOOOON !!!

JE VOUS EN SUPPLIE... NE L'ENFERMEZ PAS !!!
DÉSOLÉ. C'EST LA PROCÉDURE...
NE LE LAISSE PAS FAIRE... APPELLE LE JUGE... DEMANDE-LEUR DE LAISSER LE CERCUEIL OUVERT... JE T'EN SUPPLIE... APPELLE LE JUGE.
IL VA SE RÉVEILLER !!!

NOUS NE L'AVONS PAS QUITTÉ JUSQU'À LA MAISON… VOUS COMPRENEZ, TANT QU'IL ÉTAIT LÀ, PRÈS DE NOUS, C'ÉTAIT COMME S'IL Y AVAIT UN ESPOIR…
ON A INSTALLÉ LE CERCUEIL DANS SA CHAMBRE. LES GENS SONT ARRIVÉS AVEC… LEURS GESTES MÉCANIQUES, L'EAU BÉNITE, LEURS REGARDS DE "PITIÉ" SUR MOI. LE JUGE ET LE PROCUREUR SONT VENUS AUSSI. LES GENDARMES ÉTAIENT DÉJÀ PASSÉS UN PEU PLUS TÔT VOIR JEAN-MARIE.
DEHORS, IL Y AVAIT TOUJOURS LE TAS DE GRAVIER, LA PELLE, LES PETITES VOITURES DE GRÉGORY, COMME SI TOUT ÉTAIT FIGÉ DANS LE TEMPS. LES JOURNALISTES COMMENÇAIENT À RÔDER PARTOUT. L'UN D'EUX M'A PROPOSÉ 20 000 FRANCS POUR FAIRE UNE PHOTO DE GRÉGORY DANS SON CERCUEIL… JE CROIS… JE CROIS QUE JE L'AI INSULTÉ. JE N'ÉTAIS PLUS MOI-MÊME…
JEAN-MARIE A ÉTÉ CONVOQUÉ PAR LES GENDARMES. ILS NE VOULAIENT PAS QUE JE SOIS LÀ. ILS DISAIENT QUE J'ÉTAIS TROP SOUS CALMANTS…
C'EST LÀ QU'ILS LUI ONT REPARLÉ DE LA LETTRE DE REVENDICATION DU CORBEAU, QUE LE FACTEUR AVAIT DÉPOSÉE DERRIÈRE LA VITRE DE LA PORTE D'ENTRÉE…

J'espère que tu
mourras de chagrin
le chef ce n'est
pas ton argent qui
pourras te redonner ton
fils Voilà ma
vengeance.
pauvre con

COMMENT LE CORBEAU EST-IL ENTRÉ DANS VOTRE VIE ?
LA PREMIÈRE FOIS, C'ÉTAIT EN 1981... AU MOIS D'AOÛT. D'ABORD DES APPELS SILENCIEUX, ON A CRU QUE C'ÉTAIENT LES PARENTS DE JEAN-MARIE EN VACANCES EN ITALIE QUI ESSAYAIENT DE NOUS JOINDRE. LE CORBEAU, JE ME SOUVIENS DE SA VOIX RAUQUE, DE SA MÉCHANCETÉ...
"ALLÔ ?... PUTE, SALOPE..." IL RÉPÉTAIT ÇA EN BOUCLE... "PUTE, SALOPE." MAIS QU'EST-CE QUE JE VOUS AI FAIT ? JE DEMANDAIS. "C'EST PAS À TOI QUE J'EN VEUX, C'EST À TON VIEUX..." APRÈS IL PASSAIT LA CHANSON : *CHEF, UN P'TIT VERRE, ON A SOIF* OU UN AUTRE DISQUE : *J'AI LE MAL DE TOI*. ON ENTENDAIT LES RIRES D'UNE FEMME AU FOND QUI REPRENAIT LES CHANSONS.
UN AUTRE JOUR, IL A PARLÉ DE JACKY, LE DEMI-FRÈRE DE JEAN-MARIE. IL L'APPELAIT "LE BÂTARD".
Jacky VILLEMIN.
ET PUIS VOUS DITES : "UN JOUR LE CORBEAU CESSE D'APPELER. IL N'A REPRIS QUE DIX-HUIT MOIS PLUS TARD, AVEC LA MORT DE GRÉGORY, POUR 'PUNIR LE CHEF'." À VOTRE AVIS, QU'EST-CE QUI A PU MOTIVER CE GESTE ?
C'EST DIFFICILE À DIRE. UNE FOIS, MICHEL ET GINETTE, EN VOYANT NOTRE NOUVEAU CANAPÉ NEUF, ONT DIT : "Y A QUE LES CHEFS À POUVOIR SE PAYER ÇA !" LUI-MÊME SE PRENAIT POUR "UN DEUXIÈME BÂTARD DÉLAISSÉ PAR SA FAMILLE".
VOUS PENSEZ DONC QU'IL POURRAIT S'AGIR D'UNE JALOUSIE LIÉE À VOTRE SITUATION FINANCIÈRE OU À LA POSITION SOCIALE DE JEAN-MARIE ?
PAS SEULEMENT À CAUSE DE L'ARGENT. UNE AUTRE FOIS, J'AVAIS PARLÉ DU GOSSE FRAGILE DE MARIE-ANGE EN DISANT, SANS MÉCHANCETÉ, QU'IL SERAIT MIEUX DANS UNE ÉCOLE SPÉCIALISÉE. JE ME SUIS TOUJOURS DEMANDÉ SI MA PHRASE N'AVAIT PAS ÉTÉ RAPPORTÉE DANS UN SENS... MÉCHANT.
MADAME VILLEMIN, SELON VOUS, QUI POUVAIT ÊTRE LE CORBEAU ? VOUS AVIEZ DES SOUPÇONS, N'EST-CE PAS ?
AU DÉBUT, PAS VRAIMENT. PUIS EN NOVEMBRE 84, ON A SOUPÇONNÉ BERNARD LAROCHE. IL ÉTAIT RENSEIGNÉ DE TOUS NOS FAITS ET GESTES PAR LE FRÈRE DE JEAN-MARIE, MICHEL, ET SA FEMME, GINETTE, QUI ÉTAIT TRÈS JALOUSE.
Bernard LAROCHE.

MERCI. JE PASSE LA PAROLE À LA PARTIE CIVILE. MAÎTRE PROMPT ?
MERCI, MONSIEUR LE PRÉSIDENT.
MADAME, J'AI LU DANS VOS PV D'AUDITION QUE VOUS AVEZ SUBI DEUX INTERRUPTIONS VOLONTAIRES DE GROSSESSE...
... EN 1976 ET 1982. CELA FAIT BEAUCOUP. JE ME DEMANDAIS SI TOUT ÇA N'ÉTAIT PAS LIÉ À VOTRE "SITUATION FINANCIÈRE" ? À MOINS QUE CE SOIT VOTRE MARI, JEAN-MARIE, QUI VOUS AIT CONTRAINTE À AVORTER ?
C'EST FAUX. NOUS AVONS TOUJOURS TOUT DÉCIDÉ ENSEMBLE. IL NE M'A JAMAIS BRIDÉE. UNE FEMME NE DÉCIDE PAS D'AVORTER POUR DES RAISONS D'ARGENT !
HUM... MAIS ENFIN, JE ME DEMANDE COMMENT ON Y ARRIVE AVEC 11000 FRANCS MENSUELS, UNE MAISON, UNE MOTO, DEUX VOITURES... SANS PARLER DES BEAUX MEUBLES, COMME CE CANAPÉ EN CUIR QUE VOUS AVEZ ÉVOQUÉ...
NOUS N'AVONS JAMAIS EU DE PROBLÈMES D'ARGENT PARCE QUE NOUS AVONS TOUJOURS FAIT ATTENTION. LES VOITURES ET LA MOTO ONT ÉTÉ ACHETÉES D'OCCASION ET, SURTOUT, JEAN-MARIE FAIT TOUT DE SES PROPRES MAINS : IL RÉPARE, IL ENTRETIENT.
C'EST UN BRICOLEUR HORS PAIR.
REVENONS-EN À L'ASSASSINAT DE BERNARD LAROCHE : N'AVEZ-VOUS PAS DEMANDÉ, À SA MORT, PAR L'ANNULATION DE LA PROCÉDURE, QUE LES POLICIERS ARRÊTENT L'ENQUÊTE SUR LA DISPARITION DE GRÉGORY ?

LA PROCÉDURE, JE N'Y COMPRENAIS RIEN. JE N'AI JAMAIS DEMANDÉ D'ARRÊTER. IL Y A TOUJOURS MURIELLE. NOUS VOULONS CONNAÎTRE LA VÉRITÉ.
N'AVEZ-VOUS PAS, COMME ON PEUT LE LIRE DANS L'EXPERTISE PSYCHIATRIQUE À LAQUELLE VOUS AVEZ ÉTÉ SOUMISE, UNE PERSONNALITÉ À DOUBLE ÉTAGE ? CELLE D'UNE FEMME JUVÉNILE MAIS AU LANGAGE PEU CHÂTIÉ ?
AVEC MON MARI, JE SUIS, COMME VOUS DITES, EN PREMIER. EN REVANCHE, AVEC LA PSYCHIATRE QUI EST VENUE ME VOIR EN PRISON, ELLE NE M'ÉCOUTAIT PAS. ELLE AVAIT DÉJÀ SON IDÉE. JE ME SUIS JUSTE DÉFENDUE... VOUS AURIEZ SANS DOUTE FAIT PAREIL.
HA ! HA !
HA ! HA !
HA ! HA !
HA ! HA !
SOIT... ADMETTONS QUE VOUS RÉSERVIEZ VOTRE LANGAGE PEU CHÂTIÉ AUX PSYCHIATRES. MAIS TOUT DE MÊME... N'AVEZ-VOUS PAS TRAITÉ JACKY VILLEMIN, JE VOUS CITE, DE "BÂTARD ET DE RAT D'ÉGOÛT" ?
NON. VOUS SORTEZ DEUX MOTS DE LEUR CONTEXTE. J'AI DIT, DURANT UNE AUDITION, QUE CES MOTS ÉTAIENT CEUX DE MICHEL LUI-MÊME.
J'EN AI TERMINÉ POUR AUJOURD'HUI.

LA PAROLE EST À LA DÉFENSE.
MADAME VILLEMIN, APRÈS LA MORT DE GRÉGORY, COMMENT AVEZ-VOUS VÉCU ?
LES MOTS SONT DURS À TROUVER. IL N'Y EN A PAS ASSEZ DANS LE DICTIONNAIRE. NOUS AVONS VÉCU L'ENFER. ON N'AVAIT PLUS GOÛT À RIEN. ON VOYAIT GRÉGORY PARTOUT… ON EST DESCENDUS TELLEMENT BAS. JE CROIS QU'ON SE LAISSAIT PARTIR…
ET C'EST POUR CETTE RAISON QUE VOUS AVEZ DÉCIDÉ DE FAIRE UN SECOND ENFANT ?
C'EST POUR ESSAYER DE NE PAS SOMBRER COMPLÈTEMENT. POUR REMONTER. IL N'Y AVAIT QU'UN ENFANT QUI POUVAIT NOUS SAUVER. TOUT LE MONDE ÉTAIT CONTRE NOUS, QUOI QU'ON FASSE, QUOI QU'ON DISE… COMME SI NOUS N'AVIONS PAS DÉJÀ ASSEZ SOUFFERT.
MAIS JULIEN N'EST PAS LE BÉBÉ DE L'AMOUR ET DE LA JOIE, C'EST LE BÉBÉ DE L'AMOUR ET DES PLEURS.

CET ENFANT, NOUS L'AVONS FAIT SUR LES CONSEILS DE NOTRE AVOCAT, MAÎTRE GARAUD, POUR REPRENDRE GOÛT À LA VIE. PAS POUR "REMPLACER" GRÉGORY OU ÉCHAPPER À LA JUSTICE. LA PREUVE : J'ÉTAIS ENCEINTE QUAND LE JUGE LAMBERT M'A FAIT INCARCÉRER.
JULIEN A PASSÉ ONZE JOURS EN PRISON AVEC MOI.
VOUS AVEZ FAIT UNE TENTATIVE DE SUICIDE, N'EST-CE PAS ?
UNE SEULE FOIS, J'AI PERDU PIED. JE N'AVAIS PLUS CONFIANCE EN LA JUSTICE. LAROCHE NOUS AVAIT PRIS NOTRE ENFANT ET LES JUGES VOULAIENT ME SÉPARER DE L'HOMME QUE J'AIME. J'AI PRÉFÉRÉ PARTIR… RETROUVER GRÉGORY.
MERCI, MADAME VILLEMIN, JE N'AI PAS D'AUTRES QUESTIONS.
MAÎTRE GARAUD ?
JE N'AURAI QU'UNE CHOSE À AJOUTER, MONSIEUR LE PRÉSIDENT : LA DÉFENSE N'A TOUJOURS AUCUN DOUTE SUR LA CULPABILITÉ DE BERNARD LAROCHE.

EN ÉCOUTANT CES TÉMOIGNAGES BOULEVERSANTS D'UN PÈRE ET D'UNE MÈRE, AUJOURD'HUI UNE SEULE IMAGE ME VIENT : CELLE DE GRÉGORY...
... CE 16 OCTOBRE, SA PETITE MAIN DANS LA GROSSE MAIN DE LAROCHE QUI L'EMMENAIT.
HUM... MONSIEUR VILLEMIN, SOUHAITEZ-VOUS AJOUTER QUELQUE CHOSE ?
RIEN...

JE VOUS ASSURE, JEAN-MARIE, TOUT SE PASSE BIEN JUSQU'À PRÉSENT...
MAIS NON. VOUS VOYEZ BIEN LA TOURNURE QUE PREND CE PROCÈS... JE N'ARRIVE PAS À EXPLIQUER EXACTEMENT TOUT CE QUI S'EST PASSÉ ET COMMENT J'EN SUIS ARRIVÉ À... TUER LAROCHE !
ON ME VOIT JUSTE COMME UN IMPULSIF, UN... UN EXCITÉ... UN SAUVAGE QUI CHERCHE JUSTE À SE VENGER ! ET TOUT RECOMMENCE COMME EN 1984, ILS CHERCHENT ENCORE À FAIRE ACCUSER CHRISTINE !
PATIENCE... LA STRATÉGIE DU PRÉSIDENT RUYSSEN ME SEMBLE ASSEZ CLAIRE : IL A COMPRIS QUE VOTRE FAMILLE CACHAIT UN SECRET. IL CHERCHE À PROVOQUER UN ÉLECTROCHOC QUI POUSSERA QUELQU'UN À "LÂCHER UN BOUT DE VÉRITÉ" !
MAIS PERSONNE NE PARLERA !!! MA FAMILLE... MES PARENTS, MON FRÈRE, MA BELLE-SŒUR... DEPUIS LE BOX, JE LES ENTENDAIS RIGOLER DANS LA SALLE D'ATTENTE ! ET LORSQU'ILS SONT À LA BARRE, ILS N'ONT RIEN VU, RIEN ENTENDU. JE NE PENSAIS PAS QU'ON POUVAIT AUTANT MENTIR DANS UNE COUR D'ASSISES.
MON PROPRE PÈRE... LORSQU'IL DIT AU PRÉSIDENT QU'IL SE SENT COUPABLE PARCE QUE GRÉGORY EST MORT À CAUSE DE NOS HISTOIRES D'ADULTES ?! MOI, JE NE ME SENS COUPABLE DE RIEN DANS L'ASSASSINAT DE NOTRE ENFANT.
JE COMPRENDS, MAIS, UNE FOIS ENCORE, IL FAUT FAIRE CONFIANCE AU PRÉSIDENT.
MAIS COMMENT VOULEZ-VOUS QUE JE ME DÉFENDE SI JE NE PEUX PAS DONNER TOUTES LES INFORMATIONS, LES PREUVES, LES INDICES ?... C'EST COMME SI TOUT LE TRAVAIL EFFECTUÉ PAR LE JUGE SIMON N'AVAIT JAMAIS EXISTÉ !
VOUS SAVEZ BIEN QUE LE CODE DE PROCÉDURE PÉNALE NE PERMET PAS DE FAIRE ÉTAT DES PIÈCES ANNULÉES POUR VICE DE FORME OU...
NOUS SOMMES VICTIMES ! C'EST NOTRE ENFANT QU'ON A PRIS, C'EST MA FEMME QUI EST ALLÉE EN PRISON INJUSTEMENT. LE CODE DE PROCÉDURE PÉNALE, JE M'EN FOUS.

* Étienne Sesmat, *Les Deux Affaires Grégory*, Belfond, 2010 ; Points, 2015.

* 4 Février 1985 : le juge Lambert libère Bernard Laroche contre l'avis du Parquet. Six semaines plus tôt, la chambre d'accusation de Nancy ordonnait son maintien en détention, considérant que les déclarations de Murielle Bolle étaient accablantes à son encontre et qu'il existait, contre lui, des présomptions sérieuses et concordantes de culpabilité. Cet arrêt a profondément marqué Jean-Marie Villemin.

* Le greffier du juge Lambert dira plus tard, face au président Simon, que "Murielle, lors de ses rétractations, avait perdu son naturel de la veille", et que, en quelque sorte, "elle récitait une leçon". Plus tard, la tante Louisette déclara que "le 16 octobre Murielle serait rentrée avec Bernard Laroche".

* Jean-Marie gardait à l'esprit plusieurs éléments de l'instruction : Laroche ne dormait plus chez lui depuis l'assassinat de Grégory. Des expertises en écriture le désignaient. Sa mise en cause par Murielle Bolle, corroborée par des témoins qui l'aurait aperçue dans la voiture de son beau-frère. L'une des filles Bolle aurait entendu dans sa famille que Murielle était bien avec Laroche le 16 octobre. Une autre sœur ne comprenait pas le comportement de sa famille dans cette histoire, qu'elle considérait comme "sans importance, ou personne ne cherche à savoir la vérité". Un témoin aurait également aperçu Laroche aux HLM de Lépanges, où vivait la nourrice de Grégory, avant le 16 octobre.

Selon notre journaliste Jean-Michel Bezzina, de nouveaux experts en écriture auraient identifié un nouveau suspect, et non des moindres : le corbeau pourrait être la mère, Christine Villemin !
NON, NON, C'EST PAS VRAI, JE VAIS DEVENIR FOLLE.
ILS SONT FOUS ! ILS SONT FOUS !
CALME-TOI... ÇA NE SERT À RIEN...
QU'ON SE CALME ALORS QUE C'EST CHRISTINE QUI VA ENCORE DEVOIR SUBIR UN NOUVEL INTERROGATOIRE DU JUGE DEMAIN ?
LAROCHE EST COUPABLE, J'EN SUIS SÛR... C'EST SA FEMME QUI A ORIENTÉ LES GENDARMES SUR UNE FAUSSE PISTE POUR LE PROTÉGER. LES GENDARMES ONT TROUVÉ CHEZ EUX UNE LONGUE-VUE ET LA CASSETTE AVEC LA CHANSON QUE LE CORBEAU PASSAIT AU TÉLÉPHONE. DEPUIS LE 17 OCTOBRE, LAROCHE NE DORMAIT PLUS CHEZ LUI... JE SAIS QU'IL A PEUR DE MOI...
POURQUOI, HEIN ? QU'EST-CE QU'IL LEUR FAUT DE PLUS ?!

ARRÊTE, JE T'EN PRIE...
SI LA JUSTICE NE FAIT PAS SON BOULOT, MOI JE LE FERAI.
ALLEZ, ÇA SUFFIT, JEAN-MARIE... TU RETOURNES LE COUTEAU DANS LA PLAIE. CHRISTINE, TU DEVRAIS ALLER TE COUCHER... TU ES ÉPUISÉE, ET DANS TON ÉTAT CE N'EST PAS SÉRIEUX... PENSE AU BÉBÉ.
ELLE A RAISON... PARDON... ALLEZ, VIENS, ON VA SE REPOSER.
AAA...
OH NON...
QUOI... QUE QU'EST-CE QUI SE PASSE ???
AAA
ELLE PERD DU SANG... C'EST LE BÉBÉ... VITE... JEAN-MARIE, VITE, IL FAUT LA CONDUIRE À L'HÔPITAL...
OH NON...
NON... NON... NON... PITIÉ...
CRIIIII

LE MÉDECIN A DIT QUE J'AVAIS PERDU LE BÉBÉ... ENFIN, L'UN DES BÉBÉS. J'ATTENDAIS DES JUMEAUX. ON NE LE SAVAIT PAS.
VOUS PENSEZ QUE C'EST TOUTE CETTE "PRESSION MÉDIATIQUE" QUI A PROVOQUÉ CETTE FAUSSE COUCHE ?
NOUS ÉTIONS À BOUT. IL Y A EU PLUSIEURS "DÉCLENCHEURS", JE CROIS.
JEAN-MICHEL BEZZINA QUI M'ACCUSE À LA RADIO ET DANS LES JOURNAUX D'ÊTRE LE CORBEAU...
... LES CONFIDENCES DU JOURNALISTE DE *MATCH*, JEAN KER, QUI NOUS RAPPORTAIT TOUT CE QUE L'AVOCAT DE LAROCHE DISAIT. ET PUIS LE JUGE LAMBERT...
OUI, NOUS ALLONS Y VENIR...
MONSIEUR VILLEMIN, À CE MOMENT-LÀ, AVEZ-VOUS DOUTÉ DE VOTRE FEMME ?
JAMAIS. NE SERAIT-CE QU'UNE SEULE SECONDE. J'ÉTAIS JUSTE SIDÉRÉ DE VOIR QUE, SIX MOIS APRÈS LA MORT DE NOTRE ENFANT, ON EN ÉTAIT ENCORE LÀ.
JE ME SOUVIENS DE CETTE DÉCLARATION DE MAÎTRE PROMPT À LA TÉLÉ : "LA PRESSE NOUS A AIDÉS À GAGNER CETTE BATAILLE. C'EST LA VIOLATION DU SECRET DE L'INSTRUCTION QUI A PERMIS DE RÉSOUDRE LES CHOSES."

* Denis Robert, *J'ai tué le fils du chef. Affaire Grégory Villemin, le roman de la Vologne. 1984-2018*, Hugo, 2018.

** Lionel Raux, "L'audition catastrophe du juge Lambert", *L'Est républicain*, 16 novembre 1993.

QU'AVEZ-VOUS FAIT CONCRÈTEMENT ?
HUM... EH BIEN, J'AI... AVISÉ LE PROCUREUR.
VOUS AVIEZ UNE CONSTITUTION DE PARTIE CIVILE POUR MENACE DE MORT ET VOUS N'AVEZ PAS FAIT D'INSTRUCTION ?
J'AI CONSEILLÉ À LAROCHE DE SE RETIRER DANS UN MONASTÈRE EN BOURGOGNE.
CE QUI NE MANQUE PAS DE SEL LORSQU'ON SAIT QUE BERNARD LAROCHE ÉTAIT UN MILITANT ACTIF DE LA CGT...
HA ! HA !
HA ! HA !
HA ! HA !
ENFIN... JEAN-MARIE DISAIT PARTOUT QU'IL FERAIT LA PEAU À LAROCHE ET QU'EST-CE QU'ON FAIT POUR LE DÉSARMER ? RIEN !
JEAN-MARIE AVAIT LE FUSIL EN MAIN, MAIS D'AUTRES LUI ONT LAISSÉ LE DOIGT SUR LA GÂCHETTE !
JE... JE... PAS UNE SECONDE JE N'AURAIS IMAGINÉ QU'IL AURAIT ÉTÉ CAPABLE DE TUER LAROCHE !
MONSIEUR LE JUGE, JE VOUS AI DIT, DANS VOTRE BUREAU : "SI VOUS NE FAITES PAS VOTRE TRAVAIL, JE LE FERAI À VOTRE PLACE !"

EH BIEN... JE NE M'EN SOUVIENS PLUS.
DE QUOI VOUS SOUVENEZ-VOUS DANS CE CAS ?
MONSIEUR LE PRÉSIDENT, SI VOUS PERMETTEZ ET AVANT DE VOUS RÉPONDRE, UNE QUESTION ME PRÉOCCUPE : EST-CE QUE BERNARD LAROCHE POUVAIT, LE 16 OCTOBRE, SAVOIR QUE CHRISTINE VILLEMIN ALLAIT AUTORISER GRÉGORY À JOUER DEVANT SA MAISON ?
PEUT-ÊTRE POURRIEZ-VOUS NOUS DONNER LA RÉPONSE QUE VOUS Y APPORTEZ ?
VOLONTIERS. BERNARD LAROCHE NE POUVAIT PAS LE SAVOIR PUISQUE, LES JOURS PRÉCÉDENTS, GRÉGORY N'ÉTAIT PAS SORTI. IL FAUDRAIT DONC ADMETTRE QUE LORSQU'IL EST ALLÉ CHERCHER MURIELLE À 17 HEURES À LA SORTIE DU COLLÈGE, IL PARTAIT EN QUELQUE SORTE... À L'AVENTURE.
UNE AVENTURE QUI, EN UN QUART D'HEURE, PUISQUE LA LETTRE DE REVENDICATION DU CORBEAU AURAIT ÉTÉ POSTÉE À 17 H 15, L'A AMENÉ À TOUT IMPROVISER.
IL Y A LÀ UNE INVRAISEMBLANCE QUI, SELON MOI, ET J'ATTENDS QUE L'ON M'APPORTE LA PREUVE DU CONTRAIRE, REND INOPÉRANTES LES ACCUSATIONS DE MURIELLE BOLLE ET INNOCENTE TOTALEMENT BERNARD LAROCHE.
ET... VOUS N'Y AVIEZ PAS PENSÉ À L'ÉPOQUE ?
NON. C'EST SANS DOUTE... HUM... CONTRAIREMENT À LA FORMULE HABITUELLE, L'ARBRE QUI ÉTAIT CACHÉ PAR LA FORÊT.

HUM... BIEN... PUISQUE VOUS ÉVOQUEZ LA FORÊT, POURRIEZ-VOUS NOUS PARLER DE VOTRE INSTRUCTION ?
HONNÊTEMENT, JE NE M'EN SOUVIENS PLUS TRÈS BIEN... ÇA FAIT NEUF ANS... JE... J'AI LE DROIT D'AVOIR DES TROUS DE MÉMOIRE.
Octobre 1984.
D44
DOCELLES
C'EST ICI QUE LE TÉMOIN PRÉTEND AVOIR VU DES TRACES DE VOITURE LE 16.
ET VOUS AVEZ TROUVÉ CES TRACES, CAPITAINE ?
IL Y A DES TRACES, MAIS RIEN NE LAISSE PENSER AVEC CERTITUDE QUE CE SONT CELLES DU VÉHICULE QUI A TRANSPORTÉ L'ENFANT.

NOUS AVONS APPORTÉ UN MANNEQUIN LESTÉ AFIN DE POUVOIR PROCÉDER À UNE RECONSTITUTION, SI VOUS ÊTES D'ACCORD...
FAITES...
MARC, VOUS NOTEZ ?
OUI, MONSIEUR LE JUGE.

ÇA NE CADRE PAS...
EN EFFET, CE N'EST PAS LE LIEU OÙ LE CORPS A ÉTÉ DÉCOUVERT PAR LES POMPIERS.
ET PUIS, REGARDEZ, LE MANNEQUIN EST TOUT ABÎMÉ. L'ENFANT, LUI, NE PORTE AUCUNE TRACE. SES VÊTEMENTS SONT INTACTS.
QU'EN DÉDUISEZ-VOUS, CAPITAINE ?
JE DIRAIS QU'IL N'A PAS ÉTÉ JETÉ DANS LA VOLOGNE.
VOUS AVEZ UNE AUTRE HYPOTHÈSE ?
EH BIEN, IL POURRAIT AVOIR ÉTÉ JETÉ PLUS LOIN. DANS LE RUISSEAU QUI ARRIVE PLUS HAUT, LE BARBA. PRÈS DU LOCAL DES POMPIERS. NOUS DEVONS ALLER VOIR...
HUM... CELA SIGNIFIERAIT QU'ON S'EST DÉBARRASSÉ DE L'ENFANT TRÈS PEU DE TEMPS APRÈS SON ENLÈVEMENT À 17 H 30.
VOUS AVEZ AVANCÉ SUR LA PISTE DU CORBEAU, CAPITAINE ?
NOUS CONTINUONS LES INTERROGATOIRES AUPRÈS DE LA FAMILLE... MAIS JE PEUX DÉJÀ VOUS DIRE QUE SI TOUS SONT D'ACCORD POUR DIRE QUE LA VOIX DU CORBEAU ÉTAIT CELLE D'UN HOMME, D'AUTRES PERSONNES DISENT AVOIR ÉGALEMENT RECONNU UNE VOIX FÉMININE. IL POURRAIT Y AVOIR NON PAS UN, MAIS DEUX CORBEAUX.

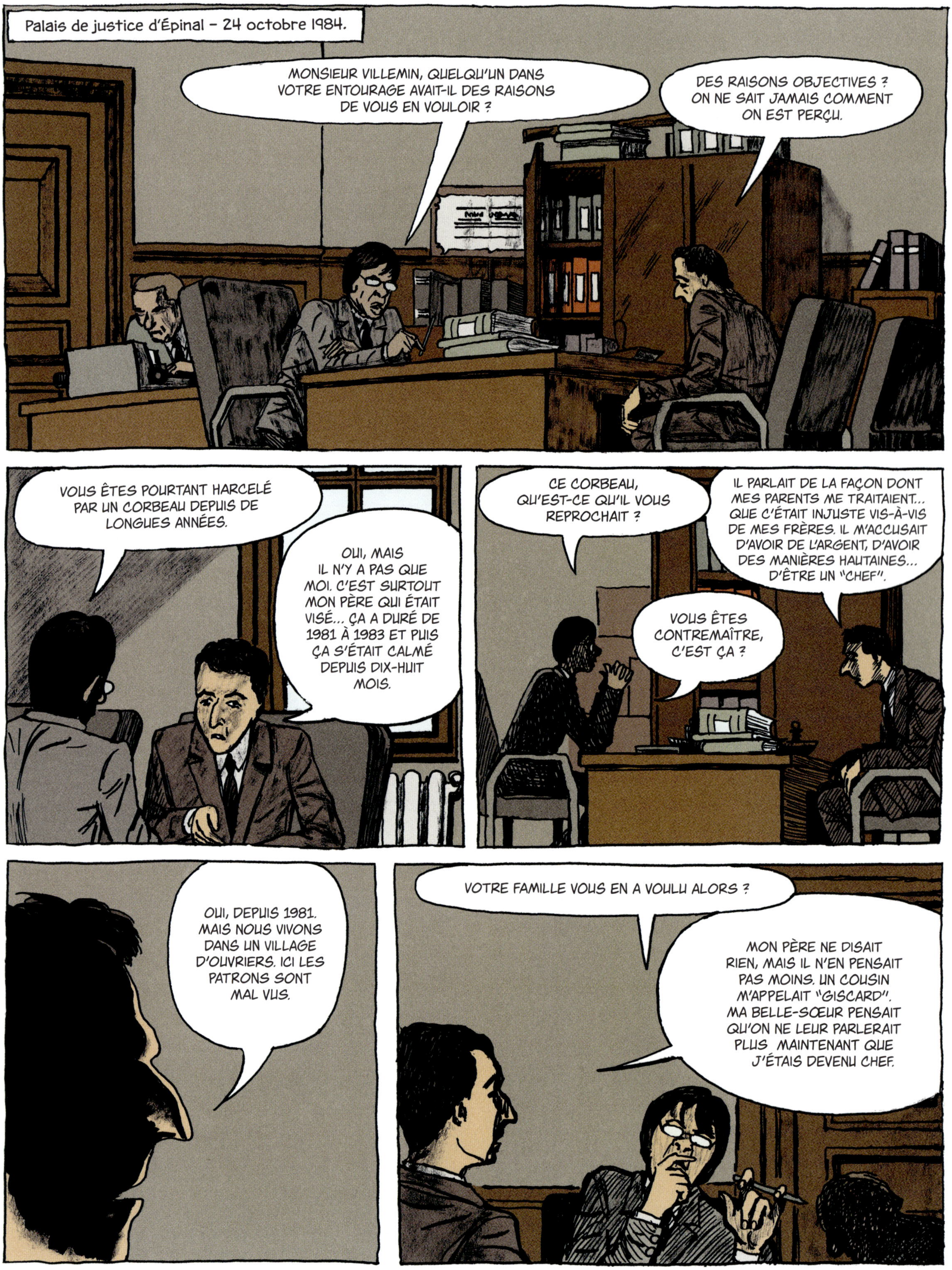

Palais de justice d'Épinal – 24 octobre 1984.
MONSIEUR VILLEMIN, QUELQU'UN DANS VOTRE ENTOURAGE AVAIT-IL DES RAISONS DE VOUS EN VOULOIR ?
DES RAISONS OBJECTIVES ? ON NE SAIT JAMAIS COMMENT ON EST PERÇU.
VOUS ÊTES POURTANT HARCELÉ PAR UN CORBEAU DEPUIS DE LONGUES ANNÉES.
OUI, MAIS IL N'Y A PAS QUE MOI. C'EST SURTOUT MON PÈRE QUI ÉTAIT VISÉ... ÇA A DURÉ DE 1981 À 1983 ET PUIS ÇA S'ÉTAIT CALMÉ DEPUIS DIX-HUIT MOIS.
CE CORBEAU, QU'EST-CE QU'IL VOUS REPROCHAIT ?
IL PARLAIT DE LA FAÇON DONT MES PARENTS ME TRAITAIENT... QUE C'ÉTAIT INJUSTE VIS-À-VIS DE MES FRÈRES. IL M'ACCUSAIT D'AVOIR DE L'ARGENT, D'AVOIR DES MANIÈRES HAUTAINES... D'ÊTRE UN "CHEF".
VOUS ÊTES CONTREMAÎTRE, C'EST ÇA ?
OUI, DEPUIS 1981. MAIS NOUS VIVONS DANS UN VILLAGE D'OUVRIERS. ICI LES PATRONS SONT MAL VUS.
VOTRE FAMILLE VOUS EN A VOULU ALORS ?
MON PÈRE NE DISAIT RIEN, MAIS IL N'EN PENSAIT PAS MOINS. UN COUSIN M'APPELAIT "GISCARD". MA BELLE-SŒUR PENSAIT QU'ON NE LEUR PARLERAIT PLUS MAINTENANT QUE J'ÉTAIS DEVENU CHEF.

VOUS SOUPÇONNEZ QUELQU'UN EN PARTICULIER ? LES GENDARMES M'ONT PARLÉ DE VOS DOUTES À L'ENCONTRE D'UN... BEAU-PÈRE ?
ROGER JACQUEL... C'EST LE BEAU-PÈRE DE MON FRÈRE JACKY. MAIS JE NE SAIS PAS... C'ÉTAIT LE DÉLÉGUÉ CGT À L'USINE. IL Y A PEUT-ÊTRE UN RAPPORT...
JE VOIS. HUM... ET DANS VOTRE COUPLE ? TOUT ALLAIT BIEN ?
OUI. NOUS ÉTIONS HEUREUX. NOUS NOUS AIMONS.
VOUS EN ÊTES SÛR DE SON CÔTÉ ?
VOTRE FEMME EST FIDÈLE ?
ÉVIDEMMENT... ELLE COMME MOI ! JE VOUS AI DIT QUE NOUS NOUS AIMONS.
HUM, OUI, OUI... PAS D'HISTOIRE D'ADULTÈRE, DONC ?
NON. LA SEULE CHOSE QUI SE SOIT JAMAIS PASSÉE, C'EST AVEC L'UN DE MES COUSINS : BERNARD LAROCHE.
ELLE VOUS A TROMPÉ ?
PAS DU TOUT ! C'EST JUSTE QU'IL LUI AVAIT FAIT DU PIED SOUS LA TABLE LORS D'UN MARIAGE... J'AI RÉGLÉ ÇA AVEC LUI ET ÇA NE S'EST JAMAIS REPRODUIT.
HUM... GREFFIER ?
POUVEZ-VOUS FAIRE ENTRER MME VILLEMIN, JE VOUS PRIE ?

MADAME VILLEMIN, AVEZ-VOUS EU DES AVENTURES EXTRA-CONJUGALES ?
!
QU... QUOI ?
JE VOUDRAIS SAVOIR SI VOUS ÊTES FIDÈLE À VOTRE MARI.
MAIS... MAIS BIEN SÛR ! NOUS NOUS AIMONS... JE... JE N'AI JAMAIS...
GRÉGORY ÉTAIT BIEN L'ENFANT DE JEAN-MARIE ? MONSIEUR VILLEMIN, VOUS N'ÊTES PAS STÉRILE ?
MAIS NON ENFIN !!! BIEN SÛR QUE GRÉGORY...
MAIS QU'EST-CE QUI VOUS PREND ?

... J'AI PEUT-ÊTRE MANQUÉ DE TACT, MAIS IL FALLAIT ÉTUDIER TOUTES LES HYPOTHÈSES, Y COMPRIS POUR LES ÉLIMINER.
JE TIENS À PRÉCISER, MONSIEUR LE PRÉSIDENT, QUE LA MÈRE DE GRÉGORY A SUBI LA VISITE DE NOMBREUX PSYCHIATRES ET AUCUN, JE DIS BIEN AUCUN, N'A PU TROUVER DE RAISON QUI L'AURAIT POUSSÉE À TUER SON ENFANT !
MONSIEUR LAMBERT, SELON VOUS, EST-CE QUE L'ASSASSINAT DE GRÉGORY CORRESPOND À QUELQUE CHOSE DE LOGIQUE, DE COHÉRENT ?
HUM... DE NOMBREUX CRIMES RESTENT INEXPLIQUÉS. ET SI ON PARLE DE MOBILE, DANS CE CAS, QUEL SERAIT CELUI DE LAROCHE ?
TOUTEFOIS, VOUS FAITES ARRÊTER LAROCHE. AVEZ-VOUS FAIT PROCÉDER À UNE EXPERTISE PSYCHIATRIQUE LE CONCERNANT ?
NON, PARCE QUE J'AI TRÈS VITE COMPRIS QUE J'AVAIS ÉTÉ PIÉGÉ ET QU'IL FALLAIT LIBÉRER LAROCHE.
PIÉGÉ ? PAR QUI ?
TOUT LE MONDE... LES JOURNALISTES, À DE RARES EXCEPTIONS PRÈS, TOUS DES MENTEURS.
... LES GENDARMES, QUI SE SONT MONTRÉS INCAPABLES. J'AURAIS DÛ LES DESSAISIR PLUS TÔT... JE... J'ÉTAIS LE SEUL JUGE À ÉPINAL ET GRÉGORY ÉTAIT LE DOSSIER 180.

UN CERTAIN NOMBRE DE POINTS SEMBLENT AVOIR ÉTÉ NÉGLIGÉS, DES INDICES PERDUS... IL Y A CETTE CASSETTE CONTENANT LES VOIX DE COMPARAISON, DISPARUE DU DOSSIER. LA PHOTO DE LA LETTRE DE REVENDICATION OÙ APPARAISSENT LES INITIALES "BL"... ENVOLÉE.
JE SUIS DÉSOLÉ, JE NE SAIS PLUS...
... ET L'ENDROIT OÙ LE CORPS DE GRÉGORY AURAIT ÉTÉ JETÉ ? PLUS DE 800 MÈTRES SÉPARENT LES DEUX LIEUX ET LES CHRONOMÉTRAGES EFFECTUÉS SONT, PAR CONSÉQUENT, DIFFÉRENTS.
JE... JE... N'AI PAS DE SOUVENIR D'AVOIR...
D'APRÈS LE JUGE SIMON, ENTRE LE CHEMIN QUI Y MÈNE ET LA VOLOGNE, IL Y A UN RUISSEAU INFRANCHISSABLE POUR UNE PERSONNE TRANSPORTANT UN ENFANT. C'EST UN DÉTAIL CRUCIAL, QUI AURAIT PU INNOCENTER CHRISTINE VILLEMIN.
UN RUISSEAU ? NON... ÇA NE ME DIT RIEN. C'EST SI LOIN...
HUM... IL NE RESTE PAS GRAND-CHOSE DE SOLIDE DANS VOTRE DOSSIER. PENSEZ-VOUS QUE VOUS ÉTIEZ SUFFISAMMENT "COMPÉTENT" EN 1984 ?
PUISQUE VOUS M'EN PRIEZ, JE VAIS VOUS LIRE LES NOTES DE MES SUPÉRIEURS DE L'ÉPOQUE...

* Titre du livre écrit par le juge Lambert. Paru chez Albin Michel en 1987.

MONSIEUR VILLEMIN, VOUS SOUHAITEZ AJOUTER QUELQUE CHOSE ?
OUI, MONSIEUR LE PRÉSIDENT, J'AIMERAIS POSER UNE QUESTION AU JUGE LAMBERT.
MONSIEUR LAMBERT, VOUS AVIEZ DIT À MAÎTRE GARAUD QUE NOUS ÉTIONS "LA PARTIE ROSE DE LA PROCÉDURE". QU'ENTENDIEZ-VOUS PAR LÀ ?
VOUS DEVEZ ÊTRE LE SEUL À VOUS EN SOUVENIR.
OUI, J'AI UNE EXCELLENTE MÉMOIRE. UN JOURNALISTE A DÉCLARÉ DANS UNE ÉMISSION DE TÉLÉ QUE VOUS L'AVIEZ PRÉVENU DE VOTRE INTENTION D'INCULPER CHRISTINE BIEN AVANT DE LE FAIRE...
CE QUE VOUS DITES EST ENTIÈREMENT FAUX ! MENSONGE, MENSONGE, MENSONGE !!!
ET LES PNEUS DE L'AMI 8 DE BERNARD LAROCHE, LES AVEZ-VOUS FAIT EXPERTISER ?
NON, ILS AVAIENT BRÛLÉ.
LE 24 DÉCEMBRE 1984, APRÈS LA RECONSTITUTION, VOUS AVEZ DIT : "MADAME VILLEMIN, VOUS N'AVEZ PLUS RIEN À CRAINDRE." EST-CE EXACT ?
OUI.

POURQUOI AVOIR CHANGÉ D'AVIS APRÈS ?
EH BIEN... À CAUSE DES EXPERTISES... DONT CELLE DES CORDELETTES QUI LIAIENT LES MAINS DE L'ENFANT.
AVEZ-VOUS ÉCOUTÉ LES ENREGISTREMENTS DE LA VOIX DU CORBEAU ? Y AVAIT-IL BIEN UNE VOIX DE FEMME ?
EUH... OUI, MAIS JE N'AI PAS D'AVIS SUR CETTE QUESTION. ET VOUS... VOUS SOUVENEZ-VOUS, MONSIEUR VILLEMIN, D'UNE LETTRE QUE VOUS M'AVEZ ÉCRITE EN AVRIL 1985 ET DANS LAQUELLE VOUS REGRETTIEZ DE NE PAS M'AVOIR FAIT DAVANTAGE CONFIANCE ?
C'EST VRAI, J'AVAIS CONFIANCE EN VOUS, JE ME SUIS BIEN TROMPÉ.
MONSIEUR LAMBERT, CROYEZ-VOUS TOUJOURS EN LA CULPABILITÉ DE CHRISTINE VILLEMIN ?
OUI. SUR LA FOI DES EXPERTISES EN ÉCRITURE ACCABLANTES, LE TÉMOIGNAGE DES OUVRIÈRES L'AYANT VUE POSTER LA LETTRE DE REVENDICATION, LES CORDELETTES DÉCOUVERTES À SON DOMICILE...

LA PLUPART DE CES CHARGES ONT ÉTÉ BALAYÉES PAR L'ARRÊT DE NON-LIEU DONT A BÉNÉFICIÉ CHRISTINE VILLEMIN.
JE NE REFERAI PAS ICI LE PROCÈS DE MME VILLEMIN, MAIS CES EXPERTS, CES TÉMOIGNAGES, CE N'EST PAS MOI QUI SUIS ALLÉ LES CHERCHER. ILS EXISTENT !
JE N'AI PAS FAIT D'ÉTUDES CRIMINOLOGIQUES, MAIS JE SUIS CONVAINCU QU'IL Y A DES CRIMES QUI OBÉISSENT À… L'IRRATIONNEL.
CE QUI EST IRRATIONNEL, C'EST SURTOUT LA MANIÈRE DONT CETTE ENQUÊTE A ÉTÉ CONDUITE.
LA FAUTE EN INCOMBE PRINCIPALEMENT AUX GENDARMES ! SI J'AI UN REGRET DANS CETTE AFFAIRE, C'EST DE NE PAS AVOIR SAISI D'EMBLÉE LE SRPJ. L'ENQUÊTE AURAIT PRIS UNE TOURNURE BIEN DIFFÉRENTE !
C'ÉTAIT TOUT DE MÊME VOUS LE DIRECTEUR D'ENQUÊTE.
OUI… MAIS… JE… J'AI FAIT ENTIÈREMENT CONFIANCE AUX ENQUÊTEURS. JE… JE N'AVAIS PAS LE TEMPS DE ME CONSACRER PLEINEMENT À…
VOUS NE POURREZ PAS TOUJOURS NIER VOTRE PART DE RESPONSABILITÉ DANS CE NAUFRAGE AUX CONSÉQUENCES… DRAMATIQUES.

Vendredi 29 mars 1985 – clinique de la Roseraie, Épinal.
BONJOUR, MON AMOUR. TU AS DORMI ?
TRÈS PEU.
TU DEVRAIS ARRÊTER DE LIRE CES BÊTISES... ÇA TE FAIT PLUS DE MAL QU'AUTRE CHOSE...
PARIS MATCH
ROCKEUSES
JENNA DE ROSNAY
ILS RACONTENT TELLEMENT D'HORREURS... POURQUOI M'EN VEULENT-ILS À CE POINT ?

Les mystères de la mère de Grégory
Christine Villemin a été désignée par les graphologues comme étant le « corbeau ». On a déjà relevé nombre d'invraisemblances et de contradictions dans les déclarations de la mère de l'enfant assassiné.
EPINAL
Lucien MIARD
Dix minutes cruciales
"LA CONCLUSION DES EXPERTS EST SANS ÉQUIVOQUE : LA PROPRE MÈRE DE GRÉGORY EST L'AUTEUR DES QUATRE LETTRES ANONYMES REÇUES PAR LA FAMILLE..." COMMENT C'EST POSSIBLE ? COMMENT ?
TU TE FAIS DU MAL... CE SONT DES MENSONGES POUR VENDRE LEURS TORCHONS... NE T'INQUIÈTE PAS, ÇA VA S'ARRANGER. TOUT VA S'ARRANGER.

EXCUSEZ-MOI DE VOUS DÉRANGER... JE... PARDON...
Christine JACQUOT, nourrice de Grégory.
ENTRE, CHRISTINE. TU NE DÉRANGES PAS...
COMMENT VAS-TU ?
PAS TROP BIEN... LE SRPJ EST VENU CHEZ MOI HIER.
CORRAZI ? QU'EST-CE QU'IL VOULAIT ?
IL... IL PENSE QUE CHRISTINE A TUÉ GRÉGORY. ILS DISENT QUE JE CACHE QUELQUE CHOSE, QUE LES GENS QUI L'ONT VUE REMONTER VERS 17 HEURES CHEZ VOUS AVEC LE PETIT SE TROMPENT...
ILS VOULAIENT QUE JE LEUR DISE QUE CHRISTINE AVAIT SON BLOUSON JAUNE ET LE PETIT SON BONNET...
QU'EST-CE QUE TU LEUR AS DIT ?
QUE C'EST FAUX BIEN SÛR. TOUT EST FAUX !
ILS N'ÉTAIENT PAS CONTENTS... ILS ONT INSISTÉ.
LES SALAUDS ! ILS NOUS ONT TRAHIS DÈS LE DÉPART. ILS AVAIENT UNE IDÉE TOUTE FAITE AVANT MÊME DE COMMENCER LEUR ENQUÊTE... JE VAIS APPELER MAÎTRE GARAUD.

* Le docteur Rousseau a attesté sous serment qu'en garde à vue "Murielle semblait détendue et soulagée", qu'elle avait affirmé que "les gendarmes étaient ses copains et ne l'avaient pas maltraitée".

ILS DISENT QUE C'EST MAMAN... MAIS... MAIS NOUS, ON SAIT BIEN QUE CE N'EST PAS VRAI... JE NE SAIS PAS POURQUOI ILS FONT ÇA... POURQUOI ILS VEULENT NOUS FAIRE DU MAL.
... MAIS NE T'EN FAIS PAS, MON TITI, JE NE VAIS PAS LES LAISSER FAIRE... ILS NE NOUS AURONT PAS... JE SAIS TRÈS BIEN QUI A FAIT ÇA...
JE VAIS TENIR LA PROMESSE QUE JE T'AI FAITE. JE VAIS TUER CELUI QUI T'A FAIT DU MAL.
VAS-Y, NOUNOURS... C'EST LUI.

JEAN-MARIE, TU ES SÛR QUE ÇA VA ?
OUI... OUI...
VIENS T'ASSEOIR, JE VAIS TE PRÉPAR...
DRIIIN
DRIIII
OUI, MA CHÉRIE... BIEN SÛR... JE TE LE PASSE... JE T'EMBRASSE.
JE SORS DEMAIN, NOUNOURS. TU PEUX M'APPORTER...

* Citation d'un responsable du SRPJ dans le bureau du juge Lambert, rapportée à Jean-Marie par une journaliste.

FAIS PAS LE CON, JEAN-MARIE... C'EST PAS MOI QUI AI TUÉ LE GOSSE !
POURQUOI TU RACONTES TOUT ÇA ? POURQUOI TU VEUX PAS T'EXPLIQUER AVEC MOI ?
ARRÊTE TES CONNERIES... POSE TON FUSIL. MONTE, ON VA PARLER.
JE VEUX PAS TE PARLER. JE VEUX JUSTE QUE TU ME DISES LA VÉRITÉ... COMME MURIELLE !
LES GENDARMES LUI ONT FAIT DIRE N'IMPORTE QUOI !
POURQUOI TU DIS AUX JOURNALISTES QUE C'EST CHRISTINE... HEIN ? POURQUOI ?
J'AI JAMAIS DIT ÇA... J'TE JURE... C'EST EUX QUI INVENTENT N'IMPORTE QUOI ! ET PIS LES EXPERTS... ILS ONT DÛ SE FAIRE PAYER... J'Y SUIS POUR RIEN MOI !

DEPUIS LE 16 OCTOBRE, J'ÉTOUFFAIS. ÉTRANGEMENT, MALGRÉ MON GESTE FOU, LE POIDS QUI M'EMPÊCHAIT DE RESPIRER DEPUIS LA MORT DE GRÉGORY AVAIT DISPARU.
JE SUIS REMONTÉ DANS LA VOITURE ET J'AI FONCÉ VERS TOI, EN BRÛLANT TOUS LES FEUX ROUGES. JE VOULAIS TE DONNER UN DERNIER BAISER.
À LA RÉCEPTION DE LA CLINIQUE, J'AI DEMANDÉ QU'ON APPELLE LES POLICIERS PARCE QUE JE VENAIS DE TUER LAROCHE. J'AI VOULU QUE L'INFIRMIÈRE-CHEF M'ACCOMPAGNE POUR TE L'ANNONCER AU CAS OÙ TU FERAIS UN MALAISE.
EN ENTRANT DANS LA CHAMBRE, TU ÉTAIS DÉFIGURÉ. JE T'AI DEMANDÉ CE QUI SE PASSAIT. AU FOND DE MOI, J'AVAIS DÉJÀ COMPRIS...
TU M'AS RÉPONDU QUE TU AVAIS FAIT UNE CONNERIE, QUE TU AVAIS TUÉ LAROCHE.
J'Y ÉTAIS ALLÉ POUR LE FORCER À DISCUTER. JE... JE... VOULAIS PRENDRE EN OTAGE MARIE-ANGE ET SÉBASTIEN POUR OBLIGER LES POLICIERS À AUDITIONNER DE NOUVEAU MURIELLE...

ET PUIS... IL A SOURI QUAND J'AI PARLÉ DES EXPERTISES ET DE TOI... QUELQUE CHOSE S'EST DÉCHIRÉ EN MOI. J'AI PRESSÉ LA DÉTENTE. IL Y A EU COMME UN FLASH. IL S'EST ÉCROULÉ. MES OREILLES SIFFLAIENT, JE N'ENTENDAIS PLUS RIEN AUTOUR.
J'AI HURLÉ : "NON ! C'EST PAS VRAI ! TU N'AS PAS FAIT ÇA !!!" TU AS APPELÉ MAÎTRE GARAUD.
... JE COMPTAIS SUR LUI COMME SUR UN PÈRE. MES PARENTS M'AVAIENT ABANDONNÉ, TOUT LE MONDE NOUS AVAIT ABANDONNÉS AVEC NOTRE DOULEUR.
J'AI TUÉ UN HOMME. JE VAIS ALLER EN PRISON POUR LONGTEMPS. JE SAIS QUE JE NE POURRAI PLUS TE SERRER DANS MES BRAS, QUE JE NE VERRAI PAS GRANDIR CET ENFANT QUI VA NAÎTRE.
JE SUIS ANÉANTI. MAIS, ENFIN, JE N'AI PLUS CETTE DOULEUR QUI ME CONSUME. TUER CET HOMME M'A FAIT PASSER DE L'AUTRE CÔTÉ. JE SUIS DÉSORMAIS UN ASSASSIN MOI AUSSI. PLUS JAMAIS ON NE ME REGARDERA DE LA MÊME MANIÈRE.
UN JOUR, JE LE SAIS, QUELQU'UN – UN DE MES ENFANTS PEUT-ÊTRE – ME DEMANDERA CE QUE ÇA FAIT DE PRENDRE UNE VIE...
PEUT-ÊTRE QUE D'ICI LÀ J'AURAI TROUVÉ UNE RÉPONSE ACCEPTABLE À LUI DONNER. AUJOURD'HUI, JE PEUX JUSTE DIRE CE QUE ÇA FAIT DE PERDRE SON FILS.

J'AI... J'AI ENTENDU UNE DÉTONATION ET... J'AI VU BERNARD TOMBER SUR LE BÉTON. IL Y AVAIT DU SANG QUI BOUILLONNAIT SUR SON PULL.
SÉBASTIEN ÉTAIT EN HAUT À L'ÉTAGE, IL CRIAIT : "PAPA, PAPA !"
VILLEMIN S'EST ENFUI ET J'AI APPELÉ IMMÉDIATEMENT LE MÉDECIN ET L'AMBULANCE.
QUAND ILS SONT ARRIVÉS, JE LEUR DISAIS : "VOUS ALLEZ ME LE SAUVER, DITES ?" LE MÉDECIN A SECOUÉ LA TÊTE.
C'EST CE MÊME JOUR QUE J'AI APPRIS QUE J'ÉTAIS ENCEINTE...

MADAME LAROCHE, DOUZE HEURES APRÈS LA DÉCOUVERTE DU CORPS DE GRÉGORY, VOUS VOUS ÊTES PRÉCIPITÉE CHEZ LES VILLEMIN. POURQUOI UN TEL EMPRESSEMENT ?
C'ÉTAIT PAS POUR LES ESPIONNER ! JE VOULAIS VEILLER LE CORPS AVEC EUX. C'ÉTAIT SINCÈRE.
VOUS PRENEZ D'AILLEURS UN CONGÉ MALADIE LE LENDEMAIN...
OUI, J'AI ÉTÉ SINCÈREMENT CHOQUÉE PAR LA MORT DU PETIT GRÉGORY.
LES ANNÉES 1981 ET 1982 N'ONT PAS ÉTÉ FACILES POUR VOTRE MARI. IL A PERDU SON PÈRE, SON TRAVAIL ET SON FILS ÉTAIT MALADE...
C'EST VRAI, MAIS C'EST PAS UNE RAISON POUR EN VOULOIR À UNE AUTRE FAMILLE.
ET PUISQUE VOUS PARLEZ DE MON FILS, JE VOUDRAIS DIRE QU'IL ÉTAIT PAS DÉBILE, COMME ON ME L'A FAIT PASSER ! IL SOUFFRAIT D'UN KYSTE RACHIDIEN QUI L'OBLIGEAIT À PORTER UNE VALVE.
LE JOUR OÙ VOTRE MARI A ÉTÉ ARRÊTÉ, SUITE AU TÉMOIGNAGE DE VOTRE SŒUR, MURIELLE BOLLE, COMMENT AVEZ-VOUS RÉAGI ?
QUAND ON A ARRÊTÉ BERNARD, JE ME SOUVIENS QUE MURIELLE ÉTAIT ASSISE DEVANT LA FENÊTRE. JE LUI AI SIMPLEMENT DEMANDÉ CE QUI S'ÉTAIT PASSÉ À LA GENDARMERIE. IL N'Y A PAS EU DE COUPS OU DE PRESSIONS, COMME ÇA A ÉTÉ RACONTÉ !

COMMENT DÉCRIRIEZ-VOUS VOTRE MARI ?
C'ÉTAIT UN HOMME BON, GENTIL, DONT JE N'AI JAMAIS EU À ME PLAINDRE. IL ÉTAIT TOUJOURS SERVIABLE, MÊME SI CERTAINS LUI EN DEMANDAIENT TOUJOURS TROP... JE SAIS QU'IL EST INNOCENT ! MÊME SI ON VEUT LE SALIR ICI...
VOUS N'AVIEZ PAS À VOUS PLAINDRE, MAIS VISIBLEMENT LUI SI ! D'APRÈS VOS DÉCLARATIONS, "IL CHERCHAIT FORTUNE AILLEURS"... VOUS AVEZ MÊME QUITTÉ LE DOMICILE CONJUGAL PLUSIEURS SEMAINES POUR "PROFITER DE LA VIE" !
OOOHHH !!!
SILENCE... SILENCE OU JE FAIS ÉVACUER !!!
OOOHHH !!!
... IL SEMBLERAIT, SELON UN GENDARME, QUE VOUS AYEZ EU DES RELATIONS SEXUELLES AVEC UN AUTRE HOMME !
AU DÉBUT DE NOTRE MARIAGE...
NOUS REPARLERONS DE TOUT CELA CALMEMENT PLUS TARD ! ASSEYEZ-VOUS, MAÎTRE GARAUD. MADAME LAROCHE, PEUT-ON REPRENDRE, JE VOUS PRIE ?
À PLUSIEURS REPRISES, À L'ÉPOQUE, VOUS AVEZ, SEMBLE-T-IL, JOUÉ LES AUXILIAIRES DE JUSTICE EN ESSAYANT D'ORIENTER LES SOUPÇONS...
OUI, JE VOULAIS BIEN FAIRE... J'AI EU TORT DE ME MÊLER DE ÇA.

HUM... VOUS AVEZ FAIT IMMÉDIATEMENT RÉFÉRENCE À DES COUSINS ÉLOIGNÉS DES VILLEMIN, LES HOLLARD ?
J'AI EU TORT, J'AURAIS PAS DÛ.
VOUS APPELEZ LES GENDARMES D'UNE CABINE PARCE QUE VOTRE MARI DORT, ET VOUS LEUR PROPOSEZ DE VENIR CHEZ VOUS DANS LA MATINÉE. EST-CE LOGIQUE ?
APRÈS VOS DOUTES SUR LES HOLLARD ET SUR JACKY VILLEMIN, VOUS SUGGÉREZ QU'UN "GOSSE AURAIT PU ÉCRIRE LES MESSAGES ANONYMES". ENSUITE, VOUS DEMANDEZ À GINETTE DE NE RIEN DIRE AUX GENDARMES DES ÉCHANGES QUE VOUS AVIEZ EUS AVEC MICHEL À PROPOS DU CORBEAU. VOUS NE PENSEZ PAS QUE VOUS DIRIGIEZ CLAIREMENT LES SOUPÇONS ?
BIEN SÛR, SI J'AVAIS SU, JE N'AURAIS PAS TÉLÉPHONÉ.
HUM... MADAME LAROCHE, VOUS AVIEZ DEUX VÉHICULES ?
OUI, UNE PEUGEOT 305 ET UNE AMI 8.
DE QUELLE COULEUR LA 305 ?
ELLE ÉTAIT GRIS FUMÉ MÉTALLISÉ QUAND ON L'A ACHETÉE.
VOUS AVEZ DIT VERT AUX GENDARMES ?
OH, VOUS SAVEZ, ENTRE GRIS FUMÉ ET VERT...

ELLE ÉTAIT VERTE, MONSIEUR LE PRÉSIDENT !
PARDON ?
JE SUIS GILBERTE CHATEL, LA MAMAN DE CHRISTINE.
HUM... ET VOUS DISIEZ QUE VOUS CONNAISSEZ CETTE VOITURE ?
OUI, MONSIEUR LE PRÉSIDENT. APRÈS LA VEILLÉE DE GRÉGORY, MARIE-ANGE LAROCHE M'A PROPOSÉ DE ME RACCOMPAGNER CHEZ MOI...
AUSSITÔT ASSISE DANS LA VOITURE, JE ME SUIS MISE À TREMBLER. JE VOYAIS LA TÊTE DE L'ASSASSIN QUI ME REGARDAIT DANS LE RÉTROVISEUR. JE... J'ÉTAIS ASSISE À LA PLACE DU PETIT.
JE SENTAIS L'ODEUR DE GRÉGORY DANS CETTE VOITURE... SES VÊTEMENTS EMBAUMAIENT LA LAVANDE. LA VOITURE EN ÉTAIT IMPRÉGNÉE.
HUM... MERCI, MADAME.

MADAME VILLEMIN, VOUS SOUHAITEZ AJOUTER QUELQUE CHOSE ?
OUI. JE VOUDRAIS DIRE QUE JEAN-MARIE NE M'A PARLÉ DE RIEN LORSQU'IL EST VENU ME VOIR À LA CLINIQUE CE MATIN-LÀ...
... CE QUI A DÉCIDÉ JEAN-MARIE À TUER LAROCHE, C'EST L'ACHARNEMENT DE CERTAINS MÉDIAS. CE SONT LES PRESSIONS DE LA PJ SUR CHRISTINE JACQUOT, LA NOUNOU DE GRÉGORY. C'EST MAÎTRE PROMPT QUI REMERCIE À LA TÉLÉ LA PRESSE D'AVOIR AIDÉ À FAIRE LIBÉRER CELUI QUI, POUR NOUS, ÉTAIT L'ASSASSIN DE GRÉGORY !
ELLE CHERCHE À FAIRE RETOMBER LA MORT DE LAROCHE SUR NOUS, AVOCATS... MAIS C'EST ELLE AU CONTRAIRE QUI A TREMPÉ DANS CETTE AFFAIRE !
CETTE FEMME MANIE LE SANG ET LA BOUE !
IL FAUT SE REGARDER EN FACE ET ASSUMER SES PROPRES RESPONSABILITÉS. JE LE DIS : C'EST VOUS QUI AVEZ POUSSÉ VOTRE MARI À TUER LAROCHE... ET VOUS AVEZ RÉUSSI À ÉVITER D'ÊTRE POURSUIVIE POUR COMPLICITÉ !
VOUS AVEZ L'AUDACE D'INSULTER UNE INNOCENTE ET D'IGNORER QU'UN ARRÊT DÉCLARE QU'IL N'Y A AUCUNE CHARGE CONTRE ELLE !
... VOUS OSEZ DIRE QU'ELLE A TREMPÉ DANS CETTE AFFAIRE ?!
VOUS DÉFORMEZ MES PROPOS.

JE ME SUIS TOUJOURS DEMANDÉ POURQUOI LE 16 OCTOBRE ? LE SEUL ÉLÉMENT PROBANT, C'EST QUE CHRISTINE ET JEAN-MARIE AVAIENT REÇU, L'AVANT-VEILLE, MICHEL ET GINETTE VILLEMIN.
Commandant SESMAT.
À L'ÉPOQUE, JEAN-MARIE VIVAIT SUR UN NUAGE, SA RÉUSSITE BRILLAIT. LE 15, PUIS LE 16, MICHEL A RENCONTRÉ LONGUEMENT BERNARD LAROCHE.
IL NOUS A INDIQUÉ QU'ILS AVAIENT JUSTE FEUILLETÉ ENSEMBLE UN CATALOGUE.
CE N'EST PAS CRÉDIBLE ! ILS ONT FORCÉMENT PARLÉ DE LA VISITE CHEZ JEAN-MARIE. NOUS NOUS SOMMES TRÈS VITE INTÉRESSÉS AUX LETTRES DU CORBEAU, PARCE QUE LA MORT DE GRÉGORY N'ÉTAIT QUE LE FINAL D'UNE MALFAISANCE QUI DURAIT DEPUIS TROIS ANS.
LAROCHE EST ENTENDU À LA GENDARMERIE UNE PREMIÈRE FOIS LE 25 OCTOBRE, SANS ÉVEILLER L'ATTENTION. MAIS CINQ JOURS PLUS TARD, SON NOM EST SUGGÉRÉ PAR DES EXPERTS EN ÉCRITURE.
UN GENDARME RÉVÈLE ÉGALEMENT LA PRÉSENCE D'UNE EMPREINTE PORTANT LES INITIALES "LB" SUR LA LETTRE DE REVENDICATION DU CRIME. HÉLAS, DU FAIT DES ERREURS DE PROCÉDURE DU JUGE LAMBERT, CES EXPERTISES ONT ÉTÉ ANNULÉES. TRÈS VITE, IL Y A EU DES FUITES DANS LA PRESSE ET NOUS AVONS PLACÉ LAROCHE EN GARDE À VUE.

* Laroche a crié son innocence aux journalistes dans un couloir du palais, mais jamais auprès des gendarmes lors de son interpellation ni pendant son transfert à la maison d'arrêt de Nancy.

* Maître Welzer, faisant fi de toutes les règles déontologiques en vigueur, avait donné accès au dossier à Jean Ker.

MONSIEUR KER, IL SEMBLERAIT QUE VOUS SOYEZ PARVENU SOUVENT À "DEVANCER" LES ENQUÊTEURS DANS VOS INVESTIGATIONS. COMMENT EXPLIQUEZ-VOUS CELA ?
JE NE SUIS PAS UN JUSTICIER MAIS UN JOURNALISTE D'INVESTIGATION. LA RÉGION, APRÈS LA MORT DU GOSSE, C'ÉTAIT UN VRAI CHAUDRON, ET NOUS AUTRES, LES JOURNALISTES, ON ÉTAIT UN PEU DEVENUS DES POLICIERS...
Aumontzey – 23 octobre 1984.
ALORS, LOUISETTE... LOUISETTE JACOB ? C'EST BIEN VOTRE NOM ?
OUI, OUI... C'EST MON NOM.
VOUS DEVEZ EN SAVOIR DES TAS DE CHOSES, LOUISETTE, SUR LES VILLEMIN...
AH BAH, VOUS VOULEZ TOUT SAVOIR PUIS RIEN PAYER... HA HA HA !
C'EST VOTRE PETIT COPAIN, LOUISETTE ?
HA HA HA !
J'SUIS PAS SON COPAIN... J'SUIS SON NEVEU.

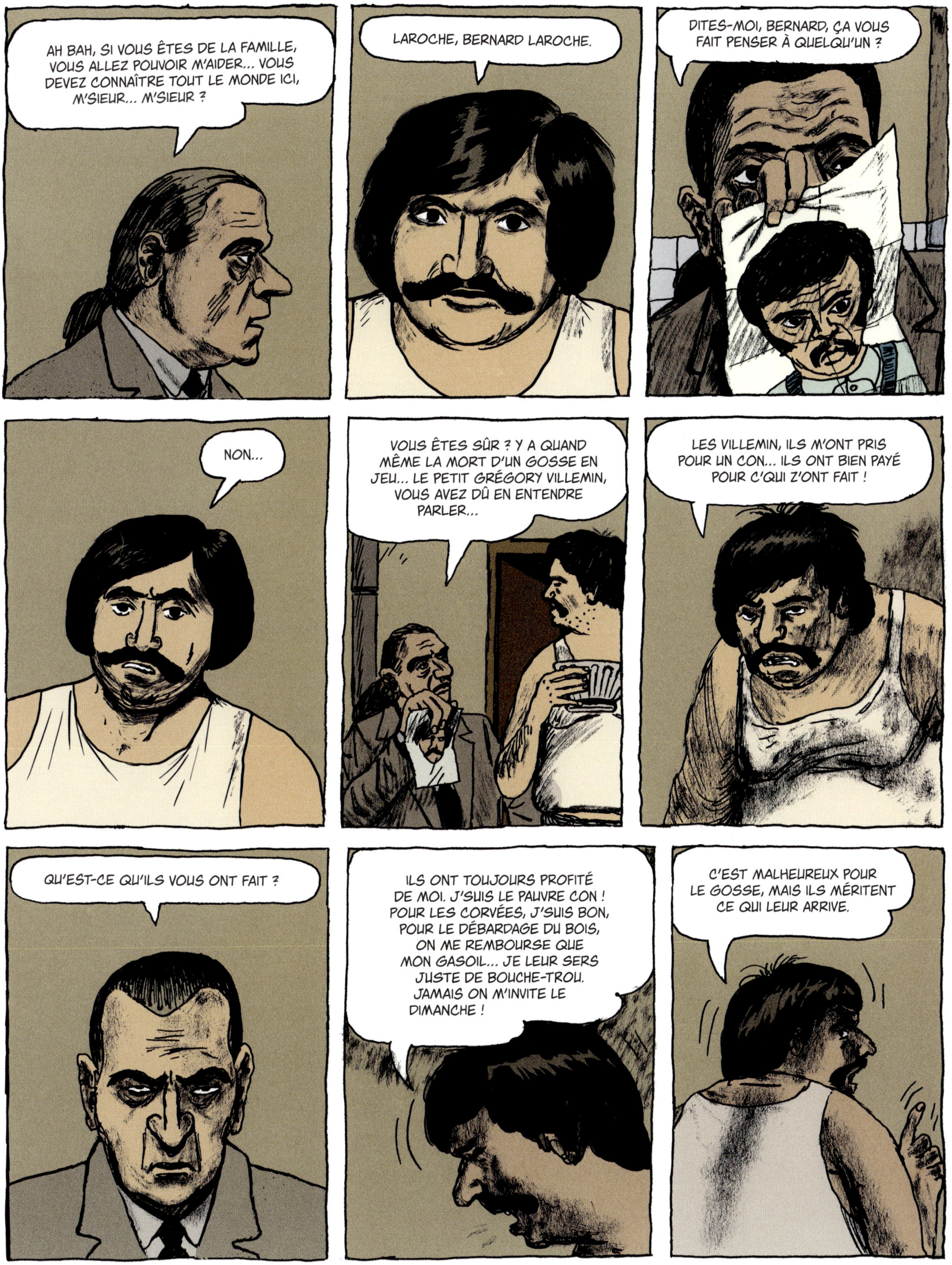
AH BAH, SI VOUS ÊTES DE LA FAMILLE, VOUS ALLEZ POUVOIR M'AIDER... VOUS DEVEZ CONNAÎTRE TOUT LE MONDE ICI, M'SIEUR... M'SIEUR ?
LAROCHE, BERNARD LAROCHE.
DITES-MOI, BERNARD, ÇA VOUS FAIT PENSER À QUELQU'UN ?
NON...
VOUS ÊTES SÛR ? Y A QUAND MÊME LA MORT D'UN GOSSE EN JEU... LE PETIT GRÉGORY VILLEMIN, VOUS AVEZ DÛ EN ENTENDRE PARLER...
LES VILLEMIN, ILS M'ONT PRIS POUR UN CON... ILS ONT BIEN PAYÉ POUR C'QUI Z'ONT FAIT !
QU'EST-CE QU'ILS VOUS ONT FAIT ?
ILS ONT TOUJOURS PROFITÉ DE MOI. J'SUIS LE PAUVRE CON ! POUR LES CORVÉES, J'SUIS BON, POUR LE DÉBARDAGE DU BOIS, ON ME REMBOURSE QUE MON GASOIL... JE LEUR SERS JUSTE DE BOUCHE-TROU. JAMAIS ON M'INVITE LE DIMANCHE !
C'EST MALHEUREUX POUR LE GOSSE, MAIS ILS MÉRITENT CE QUI LEUR ARRIVE.

QUAND IL EST PARTI, LA TANTE LOUISETTE M'A DIT : "IL A PEUR DEPUIS LA MORT DU GOSSE."
J'AI APPRIS QU'IL DORMAIT CHEZ ELLE DEPUIS LE 17 OCTOBRE... ET D'APRÈS MOI, IL AVAIT RAISON PARCE QU'IL SAVAIT QUE JEAN-MARIE VOULAIT TUER L'ASSASSIN DE SON FILS.
VOUS DITES, MONSIEUR KER, QUE VOUS AVEZ OBTENU DES CONFIDENCES DES MAGISTRATS ?
DISONS QUE J'ESSAYAIS DE DISCUTER AVEC TOUT LE MONDE ET D'OBTENIR DES INFORMATIONS. C'EST COMME ÇA, PAR EXEMPLE, QUE J'AI EU AVANT TOUT LE MONDE LE TÉMOIGNAGE DE CLAUDE COLIN.
VOUS POUVEZ PRÉCISER ?
IL M'A RACONTÉ AVOIR VU, LE SOIR DU DRAME, PRÈS DE LA MAISON DES VILLEMIN, UNE VOITURE VERTE CONDUITE PAR UN GROS TYPE À MOUSTACHE ET LONGS FAVORIS, AVEC UN PULL JACQUARD...
... À CÔTÉ DE LUI IL Y AVAIT UNE JEUNE FILLE ROUSSE... MURIELLE BOLLE DONC. C'EST SEULEMENT EN 90 QU'IL A TÉMOIGNÉ AUPRÈS DE LA JUSTICE !
JE M'ÉTONNE QU'UN JOURNALISTE COMME VOUS, EN POSSESSION D'UN TEL SCOOP, AIT ATTENDU AUSSI LONGTEMPS POUR LE PUBLIER.
BAH... À L'ÉPOQUE, DÈS QU'ON ACCUSAIT LAROCHE, SA FAMILLE FAISAIT UN PROCÈS. MON JOURNAL N'A PAS VOULU PRENDRE LE RISQUE. DES RÉVÉLATIONS, J'EN AURAIS BEAUCOUP D'AUTRES À FAIRE...

Laurence Lacour, ancienne correspondante d'Europe I.
EN 1985, ON ÉTAIT SOIXANTE JOURNALISTES CONTRE CINQUANTE GENDARMES.
ON VOYAIT LES TÉMOINS AVANT EUX. C'ÉTAIT UN GEYSER D'INFORMATIONS. ÇA A DURÉ TROIS SEMAINES AVANT L'INCULPATION DE LAROCHE. À LÉPANGES, DEUX CLANS DE JOURNALISTES SE CÔTOYAIENT : LES "PRO-LAROCHE" ET LES "PRO-VILLEMIN". ENTRE NOUS, C'ÉTAIT UNE GUERRE DE L'INTOX.
ET PUIS IL Y AVAIT UN "TRIANGLE" COMPOSÉ DE WELZER, DU COMMISSAIRE CORRAZI, DU SRPJ DE NANCY, ET DE JEAN-MICHEL BEZZINA.
BEZZINA.
WELZER.
CORRAZI.
BEZZINA COLLABORE AVEC SON ÉPOUSE, SOUS DES PSEUDOS DIFFÉRENTS, AVEC UN GRAND NOMBRE D'ORGANES DE PRESSE : RTL, FRANCE SOIR, LE FIGARO, LE PARISIEN, LE JDD...
CE "TRIANGLE" TOURNAIT AUTOUR DU JUGE LAMBERT. MAÎTRE WELZER AVAIT BESOIN DE FAIRE LIBÉRER SON CLIENT. TOUS LES JOURS, IL MARTELAIT : "C'EST LA MÈRE, C'EST LA MÈRE, C'EST LA MÈRE..."
FRANCE SOIR ÉTAIT DEVENU L'AGENDA OFFICIEUX DU SRPJ. TOUTE CETTE MÉCANIQUE TAPAIT SUR LE CERVEAU DE JEAN-MARIE QUI NE COMPRENAIT PLUS DANS QUEL MONDE IL VIVAIT.

D'UN CÔTÉ, IL Y AVAIT LES "BONS JOURNALISTES" QUI AVAIENT ACCÈS AUX INFOS S'ILS ENFONÇAIENT CHRISTINE. DE L'AUTRE, LES "MAUVAIS" QUI N'AVAIENT AUCUNE INFO OFFICIELLE.
ET PUIS C'EST ARRIVÉ... LE 29 MARS. LA MORT DE LAROCHE A ÉTÉ LA CHOSE LA MOINS SURPRENANTE DE CE DOSSIER.
J'AI FAIT COMME LES AUTRES. JE PORTE MA PART DE RESPONSABILITÉ. NOUS N'ÉTIONS PAS DANS UNE LOGIQUE DE JUSTICE, MAIS DANS UNE CHASSE AU SCOOP. NEUF ANS APRÈS, JE REVOIS LAROCHE... EXHIBÉ COMME UN COUPABLE PAR LES GENDARMES À UNE FOULE HURLANT À LA MORT.
PUIS CE FUT LA "CHASSE À LA MÈRE", ORGANISÉE AUTOUR DE CHRISTINE VILLEMIN. JE ME REPROCHE ENCORE AUJOURD'HUI DE L'AVOIR, MOI AUSSI, SUSPECTÉE PENDANT UN TEMPS...
AVEC D'AUTRES, NOUS AVONS POURTANT ALERTÉ LE JUGE LAMBERT QUE JEAN-MARIE ALLAIT CRAQUER... MAIS RIEN NE SEMBLAIT POUVOIR ARRÊTER CETTE MÉCANIQUE FOLLE, ET ENCORE MOINS LUI.
J'AI COMPRIS QUE JE N'AVAIS ÉTÉ QU'UN MAILLON DE CET ENGRENAGE TRAGIQUE. J'AI... QUITTÉ CE MÉTIER DEPUIS, PAR DÉGOÛT.

Murielle Bolle avait accusé en 1984 Bernard Laroche. Elle avait affirmé avoir assisté à l'enlèvement du petit Grégory. Elle a défendu aujourd'hui la mémoire de son beau-frère. Elle l'a innocenté...
Paul Amar, journal de 20 heures du 30 novembre 1993, France 2.
2
Murielle Bolle fait son entrée au dix-neuvième jour du procès de Jean-Marie Villemin. En 1984, elle avait 15 ans. Neuf ans plus tard, elle est mère de deux enfants et chômeuse.
ÇA FAIT NEUF ANS QUE J'ATTENDS POUR M'EXPLIQUER. PARCE QUE PERSONNE ME LAISSE LE TEMPS POUR EXPLIQUER QU'EST-CE QUE J'AI À DIRE... LE 16 OCTOBRE, À 17 HEURES, J'AI PRIS LE CAR À BRUYÈRES EN SORTANT DE L'ÉCOLE...
VINGT MINUTES PLUS TARD, JE SUIS ARRIVÉE À LA MAISON. BERNARD LAROCHE ÉTAIT LÀ, AVEC SON FILS SÉBASTIEN SUR LES GENOUX.
Mais le conducteur du car, Jean-Marie Galmiche, ainsi que plusieurs collégiennes, sont catégoriques : Murielle n'est jamais montée dans ce véhicule...
Le premier jour de son procès, Jean-Marie Villemin disait n'attendre qu'une seule chose : "Que Murielle dise la vérité sur la mort de mon enfant." Il ne reste plus, à Jean-Marie Villemin et aux douze jurés de la cour d'assises de Dijon, qu'une semaine de confrontation pour se forger une intime conviction.
2

* Chronologie et déroulement des événements selon le témoignage de Murielle Bolle.
** Surnom de Sébastien Laroche.

ATTENDS ICI, JE REVIENS.
Maison Villemin
ALLEZ, GRIMPE...

* Extrait du procès-verbal des auditions de Murielle Bolle, entre les 2 et 5 novembre 1984.

LE 2 NOVEMBRE 1984, VOUS AVEZ ÉTÉ ENTENDUE PAR M. LAMIRAND, CHEF DE LA BRIGADE DE GENDARMERIE DE BRUYÈRES. VOUS DITES QUE VOTRE DÉCLARATION VOUS A ÉTÉ ENTIÈREMENT DICTÉE PAR LES GENDARMES ?
OUI ! JE DISAIS COMME QUOI J'ÉTAIS DANS LE CAR. À C'MOMENT, UN GENDARME M'A HURLÉ : "T'ES QU'UNE MENTEUSE !"
IL VOUS A DIT JUSTE CELA ? QUAND MÊME, DE 12 HEURES À 13 H 30, ON A DÛ VOUS POSER BEAUCOUP DE QUESTIONS ?
OUI, MAIS APRÈS, LAMIRAND, IL EST ARRIVÉ EN DISANT : "T'AS COUCHÉ AVEC LAROCHE !" ET ÇA M'A FAIT PEUR...
AH... ET DONC, VOUS AVEZ COMMENCÉ À RÉPONDRE OUI OU NON AU HASARD ? ET ÇA A DONNÉ LE PROCÈS-VERBAL QUE J'AI SOUS LES YEUX ?
OUI, VOILÀ !
VOUS AVEZ DÉCLARÉ AUX GENDARMES : "AU COURS DU TRAJET, IL ME SEMBLE QUE GRÉGORY A PARLÉ AVEC SÉBASTIEN. J'AI PENSÉ QUE BERNARD L'EMMENAIT CHEZ UN AMI DE JEAN-MARIE." PUIS : "À DOCELLES, BERNARD A GARÉ SA VOITURE SUR UNE PLACE, IL A OUVERT LA PORTE ET A DEMANDÉ AU PETIT, QU'IL A APPELÉ PAR SON PRÉNOM, GRÉGORY, DE LE SUIVRE."
"PUIS ILS SONT PARTIS. JE LES AI REGARDÉS PARTIR. JE NE PEUX PAS VOUS DIRE OÙ ILS SONT ALLÉS..."
ÇA AUSSI, C'EST INVENTÉ ?
OUI.
COMMENT LES GENDARMES ONT-ILS PU INVENTER ÇA ? CHAMP-LE-DUC, BEAUMÉNIL, CE N'EST PAS DU TOUT L'ITINÉRAIRE QUI MÈNE À LÉPANGES !
BEN, POUR VOUS DIRE... C'EST LES GENDARMES QUI ONT FAIT LE TRAJET. ILS M'ONT FAIT DESSINER UN PLAN ET M'ONT DIT QUE SI JE DISAIS PAS COMME EUX, J'IRAIS EN MAISON DE CORRECTION...

MAIS VOUS AJOUTEZ : "JE REVIENS SUR CE QUE J'AI DIT, ON A TOURNÉ À DROITE." POURQUOI LES GENDARMES NOTENT-ILS CETTE CONTRADICTION ?
...
HUM... BON, ENSUITE, VOUS DITES : "ON EST PARTIS EN DIRECTION DE BRUYÈRES, MAIS TRÈS VITE BERNARD LAROCHE S'EST ARRÊTÉ. IL EST SORTI, MAIS IL NE TENAIT RIEN À LA MAIN." POURQUOI LES GENDARMES ONT-ILS ÉCRIT ÇA, AU LIEU DE DIRE, PAR EXEMPLE, "IL TENAIT UNE LETTRE À LA MAIN" ?
...
MON PÈRE ÉTAIT VENU ME DIRE : "T'INQUIÈTE, LES GENDARMES, C'EST DES COPAINS."
MAIS CE N'EST PAS PLUTÔT VOUS QUI AVEZ DIT CELA AU MÉDECIN VENU VOUS AUSCULTER ?
EUH... OUI... JE L'AI DIT, PARCE QUE J'AVAIS PEUR DES GENDARMES QUI ÉTAIENT À CÔTÉ.
MAIS QU'EST-CE QUI A PU VOUS FAIRE SI PEUR ?
C'EST QUAND ILS ONT DIT "TOI, T'AS COUCHÉ AVEC LAROCHE" ET AUSSI "T'ES UNE MENTEUSE !". LÀ J'AI PLEURÉ.
ET VOUS AVEZ ACCEPTÉ DE SIGNER TOUTES CES CHOSES FAUSSES UNIQUEMENT POUR ÇA ?
BEN OUI... AH, ET PUIS AUSSI PARCE QU'ILS M'ONT DIT D'UN COUP : "LAROCHE A AVOUÉ."

AVOUÉ QUOI ? D'APRÈS VOS DÉCLARATIONS, IL AVAIT ÉTÉ CHERCHÉ UN ENFANT, IL S'ÉTAIT ARRÊTÉ UN PEU PLUS TARD PUIS ÉTAIT REVENU SANS L'ENFANT. IL N'Y AVAIT RIEN DE MAL DANS TOUT ÇA ?
...
DE PLUS LA PHRASE "T'AS COUCHÉ AVEC LAROCHE", VOUS N'EN AVEZ JAMAIS PARLÉ AVANT JANVIER 1985 ! IL Y A DEUX SOLUTIONS : SOIT LES GENDARMES ONT ENREGISTRÉ CE QUE VOUS LEUR AVEZ DIT, SOIT CE SONT DES FAUSSAIRES DE LA PIRE ESPÈCE, CAPABLES D'INVENTER UN PROCÈS-VERBAL DE TOUTES PIÈCES !
OUI, JE SUIS D'ACCORD !
DONC, VOUS ACCUSEZ LES GENDARMES D'AVOIR ENTIÈREMENT FABRIQUÉ DES DÉCLARATIONS NE CORRESPONDANT EN RIEN À CE QUE VOUS AVEZ DIT CE JOUR-LÀ ?
OUI.
LES DÉCLARATIONS QUE VOUS AVEZ ACCEPTÉ DE SIGNER NE CORRESPONDENT EN RIEN À CE QUI S'EST PASSÉ ?
OUI.
IL N'Y A DANS TOUT CELA AUCUN MOT DE VRAI ? NI LE TRAJET BRUYÈRES-AUMONTZEY-LÉPANGES-DOCELLES, NI "BIBICHE", NI RIEN ?
OUI, C'EST ÇA QUE JE VOUS DIS : LES GENDARMES, ILS ONT TOUT INVENTÉ !
LE LUNDI, VOUS RÉPÉTEZ TOUT DEVANT LE JUGE LAMBERT, HORS LA PRÉSENCE DES GENDARMES. LÀ AUSSI, M. LAMBERT A TOUT INVENTÉ ?
NON, LES GENDARMES M'AVAIENT DIT QUE SI JE NE RÉPÉTAIS PAS TOUT, J'IRAIS EN PRISON. ALORS J'AI RÉPÉTÉ...

* L'expression évoque une tentative de suicide.

POLICE

POLICE
À suivre...

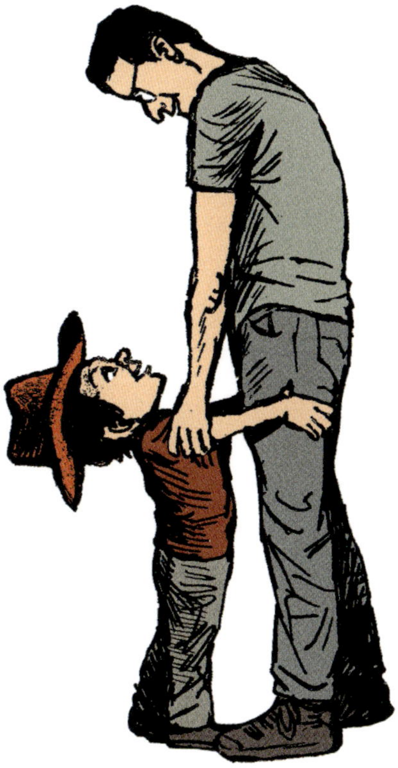

Sublimes, vraiment sublimes

Le 17 octobre 1984, le lendemain de la mort de Grégory Villemin, je sonnais à la porte d'un pavillon, au bout d'une petite route, sur les hauteurs de Lépanges-sur-Vologne. J'allais faire ce que tente tout journaliste dépêché sur un fait divers : décrocher l'interview des proches de la victime. En m'annonçant à la porte de ses parents, je savais ma requête perdue d'avance. Mais, métier oblige, j'allais devoir être convaincant... Le matin même, Jean-Michel Bezzina, vieux briscard des faits div', avait réussi à enregistrer pour RTL, sur son imposant Nagra[1] brandi comme une arme, la douleur d'un père. La course au scoop était lancée. Le correspondant, et vedette régionale, de la première radio de France avait réussi à arracher quelques mots au père du «petit Grégory» comme on l'appellera bientôt. Jean-Marie Villemin réalisait à peine que sa vie et sa famille venaient de basculer dans une autre dimension. Il ne savait pas non plus que ce reporter, qui, le premier, avait mis un pied dans la porte, deviendrait son pire adversaire. Mais comment deviner à cet instant la puissance dévastatrice de ce journaliste et les ravages à venir du cirque médiatique? J'avais débuté à France Inter quelques mois plus tôt. C'est le hasard qui m'a propulsé dans les Vosges. Le correspondant dans l'Est de la station, sollicité par la rédaction en chef, avait estimé qu'il s'agissait là d'une «petite affaire» ne méritant pas le déplacement... Comme je passais par là, la tâche m'échoua, à moi le reporter débutant. Je pensais n'y rester que deux ou trois jours. Un mois plus tard, j'y étais encore.

Ce soir-là, donc, le père m'a ouvert sa porte, comme il le fera à d'autres. Poliment, sans s'agacer, mais fermement, il a décliné mon micro. Dans la pénombre me faisait face un homme tendu qui s'efforçait de contenir sa rage, ses larmes. Son extrême détresse me sauta au visage. Derrière lui, je devinais la présence muette de la mère de l'enfant, Christine. «Désolé, m'a-t-il dit, les yeux plantés dans les miens, ma femme et moi ne faisons plus de déclaration.» Il fallait s'adresser à la gendarmerie. Puis la porte s'est refermée, sans claquer. Ce fut ma première rencontre avec le père de l'enfant assassiné. Les jours suivants, je l'ai aperçu de loin, accompagnant les enquêteurs, pénétrant à la gendarmerie, soutenant Christine transpercée de douleur dans le cimetière envahi par la foule et la presse. Je ne le reverrai que quelques jours plus tard, dans l'intimité du domicile de ses parents à Aumontzey. Dans un coin de cette pièce où la fratrie de Jean-Marie affichait une unité sincère ou de façade, Christine, enfermée dans son deuil, ne parlait toujours pas.

Très vite vint le grand spectacle, comme en génèrent les faits divers exceptionnels, avec ses reporters sans scrupule, capables de se présenter comme enquêteurs pour mieux piéger leur proie ou jouant sur une fausse complicité. Les mêmes avançaient des promesses jamais tenues afin d'obtenir témoignages et photos volées. Ensuite vint encore le temps de la mise en pièces de ceux qu'on appelait avec condescendance «le petit couple», et elle «la mère courage». Pendant des semaines, des mois, Jean-Marie et Christine ont vécu un calvaire, dévastateur, dont bien peu auraient été capables de se relever : la mort de leur enfant unique et ces adieux si déchirants à la morgue, l'arrivée de la lettre monstrueuse vomissant la vengeance d'un corbeau à l'encontre du «chef», l'avalanche des titres des journaux, radios et télés excités par le mystère, les funérailles sous les feux des chacals, les premières rumeurs malfaisantes dûment téléguidées, la famille qui se déchire et les gendarmes débordés. Puis, encore, tout au fond de l'abîme, le meurtre du premier inculpé, la mère haïe, un juge trop faible et incompétent, des policiers machistes enquêtant à charge, les délires d'une écrivaine célèbre, la maman inculpée pour la mort de son petit sous la pression acharnée d'un trio infernal, le flic, Corazzi, l'avocat, Welzer, et le journaliste, Bezzina. Et enfin, l'acmé

1. Magnétophone à bandes magnétiques.

de cette tragédie abyssale, la prison de Metz où le juge enverra Christine alors enceinte du petit frère de Grégory. Qu'est-ce qu'une mère peut vivre de pire que la perte de son enfant et, ensuite, être accusée de l'avoir tué?

Le temps, trop long, de la justice la lavera du moindre soupçon. Mais on n'efface pas d'un simple trait autant d'années d'acharnement sous les projecteurs. La suspicion, doublée de l'opprobre, ne la quittera jamais tout à fait. Pourtant, c'est ensemble que Christine et Jean-Marie Villemin ont affronté les épreuves, tête haute la plupart du temps, tête basse parfois, tant la douleur et la pression étaient lourdes. De ces quarante années restent dans la mémoire collective quelques clichés qui ne vieillissent pas : l'enfant sacrifié, retiré de la rivière, dans les bras d'un pompier, sa mère éplorée, la petite rouquine bredouillant devant les micros pour innocenter son beau-frère, le jeune juge pérorant devant le tribunal, l'homme en bleu de travail arrêté dans son usine, le père carabine en main. Ces images restent toujours ancrées en moi et, depuis quarante ans, imprègnent ma vie bien au-delà du simple souvenir professionnel – au point, et ce n'est pas un hasard, d'écrire plus tard une quinzaine de romans tous immergés dans l'univers des faits divers. Ce drame ne m'a jamais quitté et pourtant j'en ai vécu bien d'autres, souvent plongé dans les conflits planétaires. J'ai aussi vu la chute du communisme au cœur des pays de l'Est ; assisté, impuissant, à l'agonie de la petite Omayra en Colombie ; suivi de grands procès comme celui de Klaus Barbie, et d'autres affaires criminelles retentissantes. J'ai vu l'horreur et la beauté, côtoyé des lâches et des héros.

Alors que j'ai pénétré dans tant de bouleversements du monde, pourquoi le drame de Lépanges demeure-t-il autant présent en moi, aussi capital? Outre que ce fut la première grande affaire de ma carrière, j'ai été soufflé par sa puissance émotionnelle, sa dimension hors norme, sa férocité médiatique, son pouvoir à briser les valeurs et les certitudes. J'en ai conservé aussi des amitiés indéfectibles avec certains confrères. Et il reste, en surplomb, ce mystère qui n'est toujours pas éclairci. Ravivée par la série que Netflix lui a consacrée (sortie en 2019), «l'affaire Grégory» occupe toujours les esprits, passionne toujours autant. Elle me rattrape souvent lors de mes rencontres avec les lecteurs. On m'interroge : Qui a enlevé l'enfant? Murielle Bolle ment-elle? Que sont devenus les parents du petit? Connaîtra-t-on la vérité? Est-ce que, moi, je sais qui a tué? Parfois, dans cet auditoire, perce le doute cruel de la mère infanticide. Je le balaie invariablement. C'est mon absolue certitude depuis des années mais cette question récurrente me désespère plus qu'elle me trouble. J'y vois le fruit vénéneux du soupçon semé avec force, à l'époque, par un journaliste ivre de sa puissance et ses alliés.

Lorsque j'ai dirigé les programmes de RTL, dans les années 2010, j'ai été confronté à l'ombre de Jean-Michel Bezzina, ce reporter prêt à tout, même au pire. Un soir de juillet 1985, dans un éclair de lucidité, il m'avait dit «Si c'est pas elle, je suis un salaud...», mais l'éclair fut bref. Bien que décédé en 2011, son fantôme continua de planer sur le vécu de la station. Il était celui auquel les jeunes reporters ne voulaient pas ressembler. Ses méthodes répugnaient... Mais combien de leçons notre métier a-t-il tirées de ces dérives? Peu... Reconnaissons que les journalistes sont mieux formés aux questions judiciaires, pourtant les erreurs, les excès de la course à l'info occasionnent encore bien des dégâts. Ils sont d'autant plus graves que l'événement traité dans une ronde infernale quitte vite la une pour être oublié. Le tempo ne cesse de s'emballer sous le diktat des chaînes d'information en continu. Il est loin le temps où Éric Darcourt, qui suivait l'affaire pour l'AFP, ne livrait une information que lorsqu'elle était confirmée par trois sources.

Les années ont défilé aussi pour les parents de Grégory sans que jamais l'instruction n'aboutisse. Mais, même si les déceptions ont toujours balayé les espoirs, ils s'accrochent encore aux progrès de la police scientifique qui, un jour peut-être, leur livrera toute la vérité. En attendant, il a fallu vivre sans savoir. Ainsi chargés d'un poids si lourd, et tout en ayant leur certitude, les époux Villemin ont construit leur avenir. Je crois qu'ils ont trouvé le bonheur, patiemment façonné sous le portrait, trop célèbre, de leur enfant au sourire éternel. Bien des couples confrontés à pareil malheur finissent par se détacher jusqu'à se déchirer quand tout devient insupportable. Eux deux, jamais. Jamais ils n'ont plié. Après avoir laissé les Vosges pour l'Île-de-France, emportant avec eux les cendres de Grégory, ils ont toujours avancé. Résolus, mais sans rien oublier, avec leurs trois autres enfants, nés après l'assassinat de l'aîné. Sainement, ils ne leur ont rien caché de l'horreur des faits, des trahisons familiales, de la violence médiatique, de l'acharnement judiciaire mais aussi de la lumière au bout du tunnel. Puis ils les ont incités à vivre leur propre vie en marge de cette chape. L'épanouissement et la réussite de chacun ont pleinement récompensé leur volonté. Cet accomplissement puise ses racines dans la force de leur amour, et surtout, à mon sens, dans leur confiance réciproque jamais ébranlée, car aucun n'a émis le moindre doute sur l'autre. En cela, le couple que forment Christine et Jean-Marie est unique.

Plus surprenant encore à mes yeux, je les ai vus prendre une dimension nouvelle en changeant d'univers. Que seraient-ils devenus sans cette destinée sauvage survenue voici quarante ans? Serait-elle toujours ouvrière et lui contremaître? Auraient-ils poursuivi une existence simple dans leur vallée vosgienne? Grégory, l'aîné, aurait-il eu des frères et des sœurs? Bref, quel serait leur présent? On ne le saura jamais car l'histoire s'écrit de manière irréversible. Mais la foudre n'a peut-être pas frappé au hasard tant elle a révélé une puissance qu'une vie ordinaire aurait occultée là-haut sur la colline de Lépanges. L'un et l'autre portaient en germe cette capacité hors du commun d'abord à surmonter l'horreur puis à en sortir grandis en tout domaine. Humain, comme intellectuel. Christine et Jean-Marie Villemin n'ont pas seulement dépassé le poids terrible de l'assassinat de leur enfant, ils l'ont transcendé.

— Jacques Expert

Journaliste, grand reporter à France Inter. Jacques Expert est directeur des magazines de M6, des programmes de RTL et Paris Première. Écrivain et auteur de nombreux romans policiers.

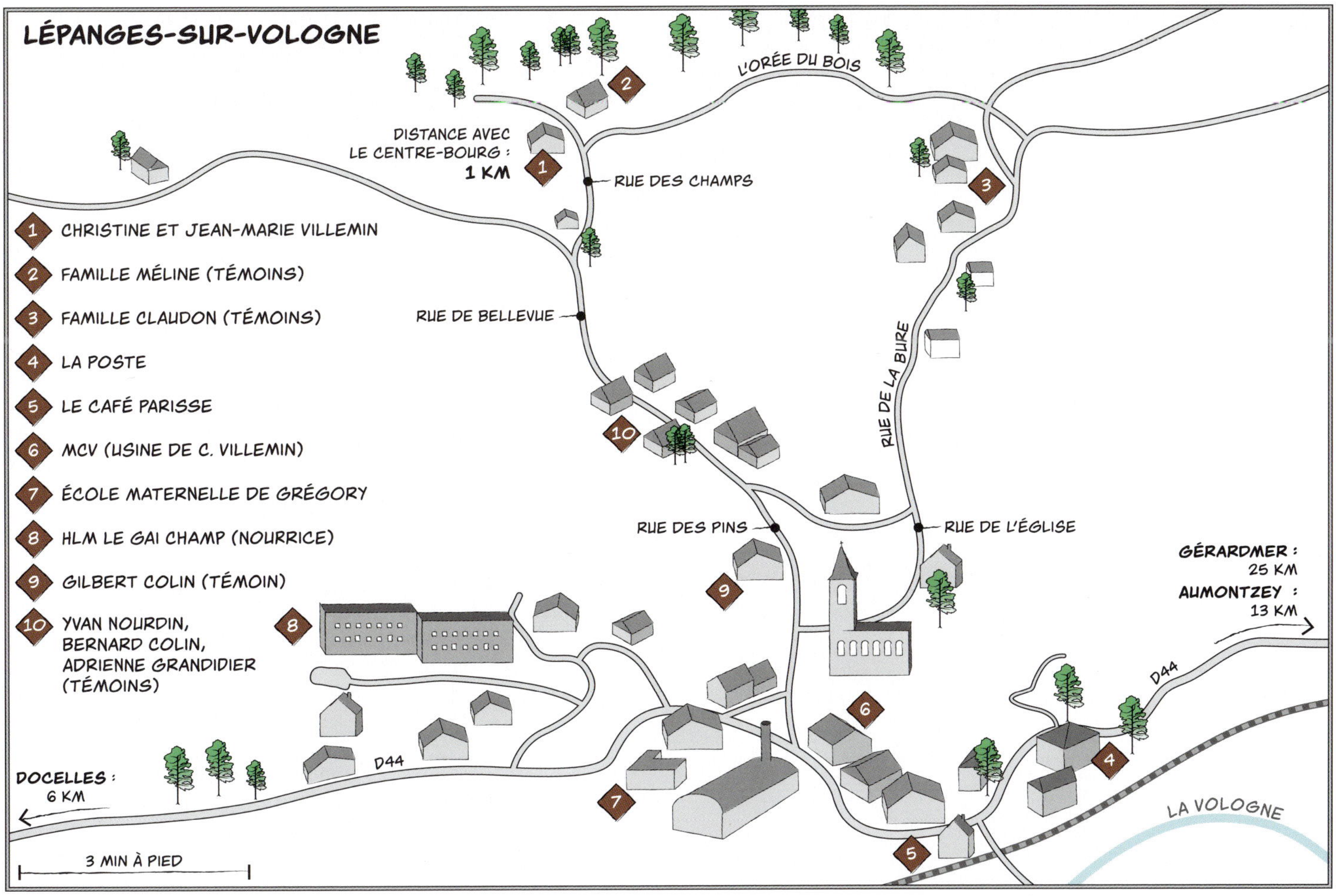
LÉPANGES-SUR-VOLOGNE
1 CHRISTINE ET JEAN-MARIE VILLEMIN
2 FAMILLE MÉLINE (TÉMOINS)
3 FAMILLE CLAUDON (TÉMOINS)
4 LA POSTE
5 LE CAFÉ PARISSE
6 MCV (USINE DE C. VILLEMIN)
7 ÉCOLE MATERNELLE DE GRÉGORY
8 HLM LE GAI CHAMP (NOURRICE)
9 GILBERT COLIN (TÉMOIN)
10 YVAN NOURDIN, BERNARD COLIN, ADRIENNE GRANDIDIER (TÉMOINS)
DISTANCE AVEC LE CENTRE-BOURG : 1 KM
L'ORÉE DU BOIS
RUE DES CHAMPS
RUE DE BELLEVUE
RUE DE LA BURE
RUE DES PINS
RUE DE L'ÉGLISE
GÉRARDMER : 25 KM
AUMONTZEY : 13 KM
D44
DOCELLES : 6 KM
LA VOLOGNE
3 MIN À PIED

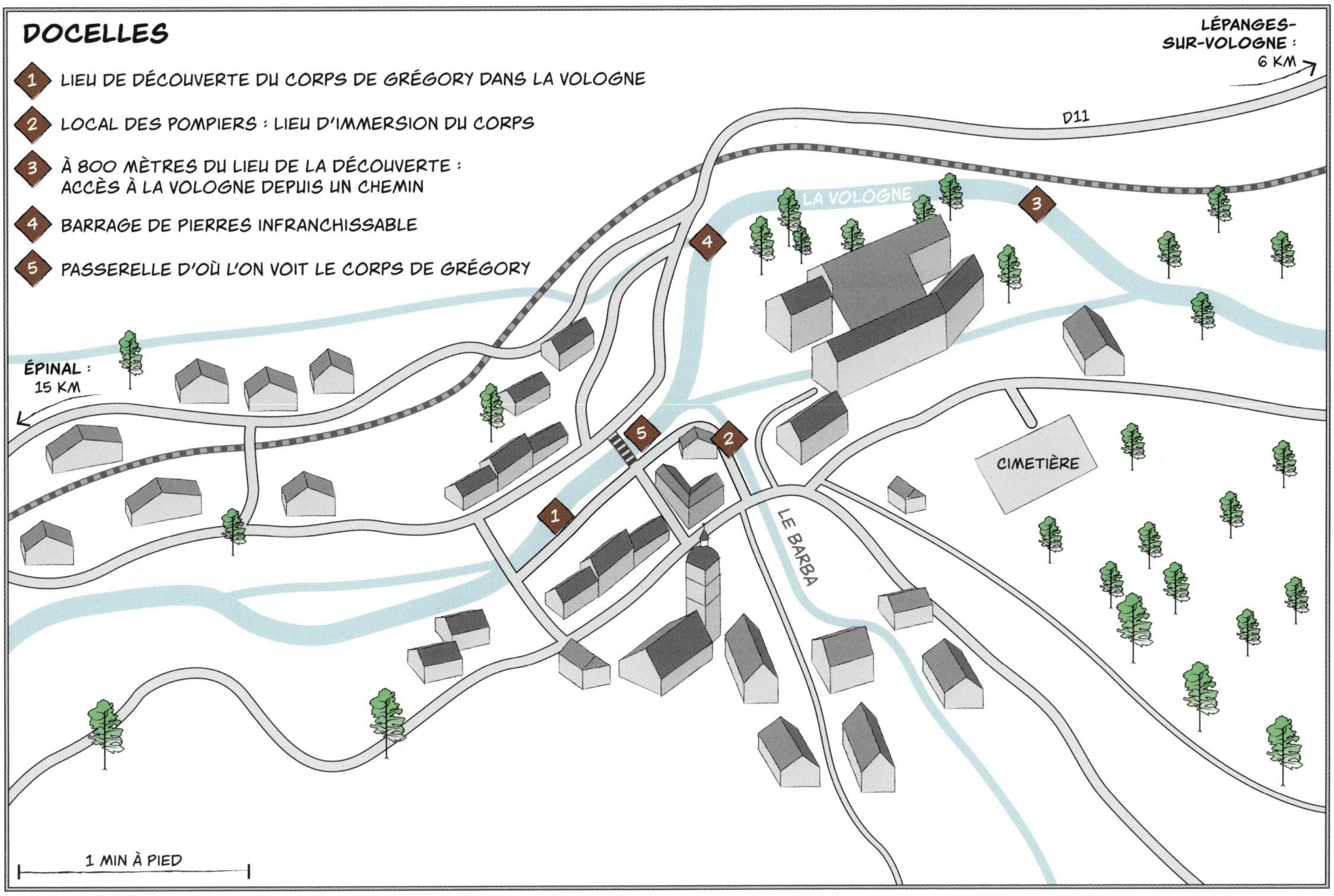
DOCELLES
1 LIEU DE DÉCOUVERTE DU CORPS DE GRÉGORY DANS LA VOLOGNE
2 LOCAL DES POMPIERS : LIEU D'IMMERSION DU CORPS
3 À 800 MÈTRES DU LIEU DE LA DÉCOUVERTE : ACCÈS À LA VOLOGNE DEPUIS UN CHEMIN
4 BARRAGE DE PIERRES INFRANCHISSABLE
5 PASSERELLE D'OÙ L'ON VOIT LE CORPS DE GRÉGORY
LÉPANGES-SUR-VOLOGNE : 6 KM
D11
LA VOLOGNE
ÉPINAL : 15 KM
CIMETIÈRE
LE BARBA
1 MIN À PIED

Arbre généalogique

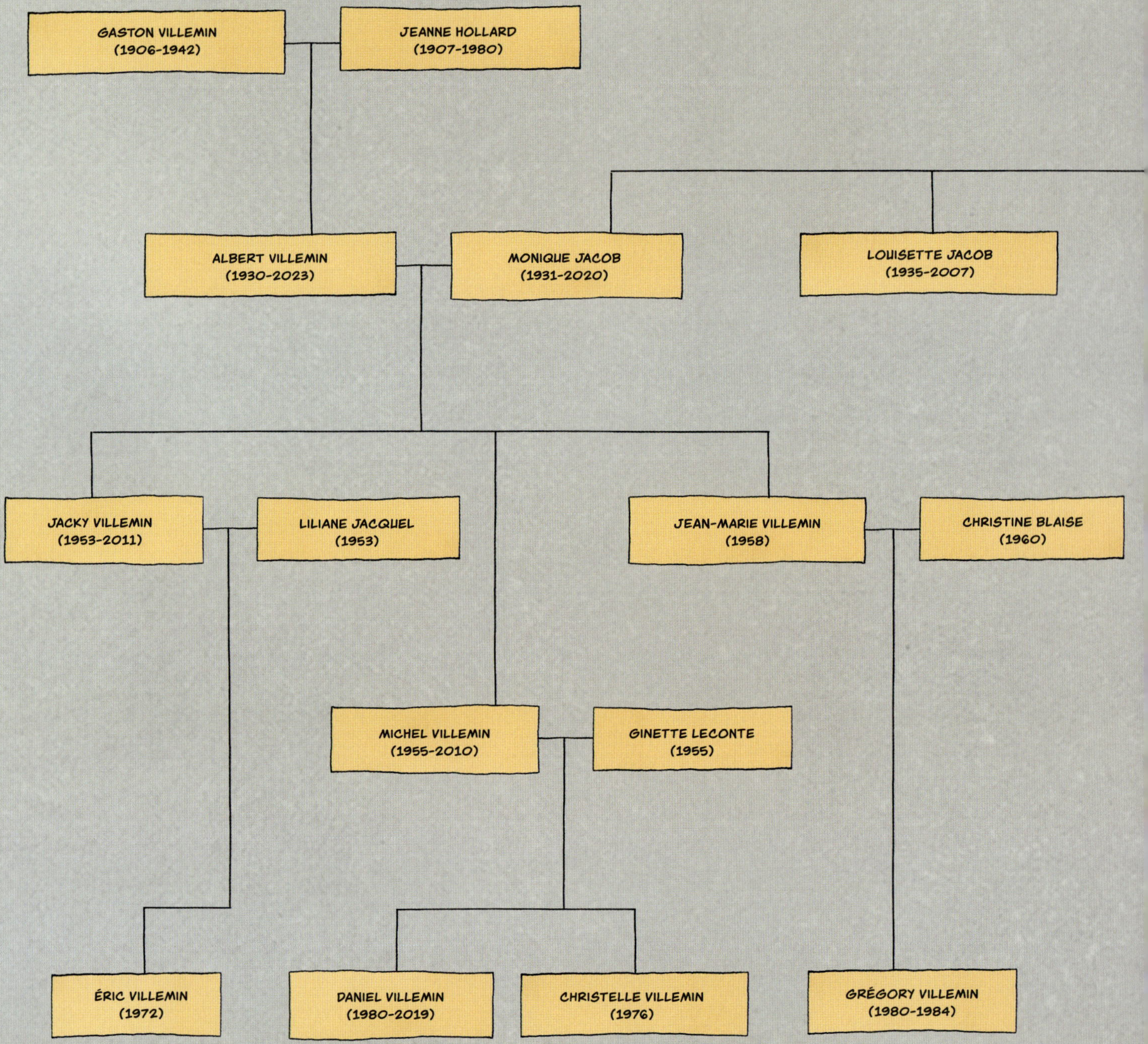

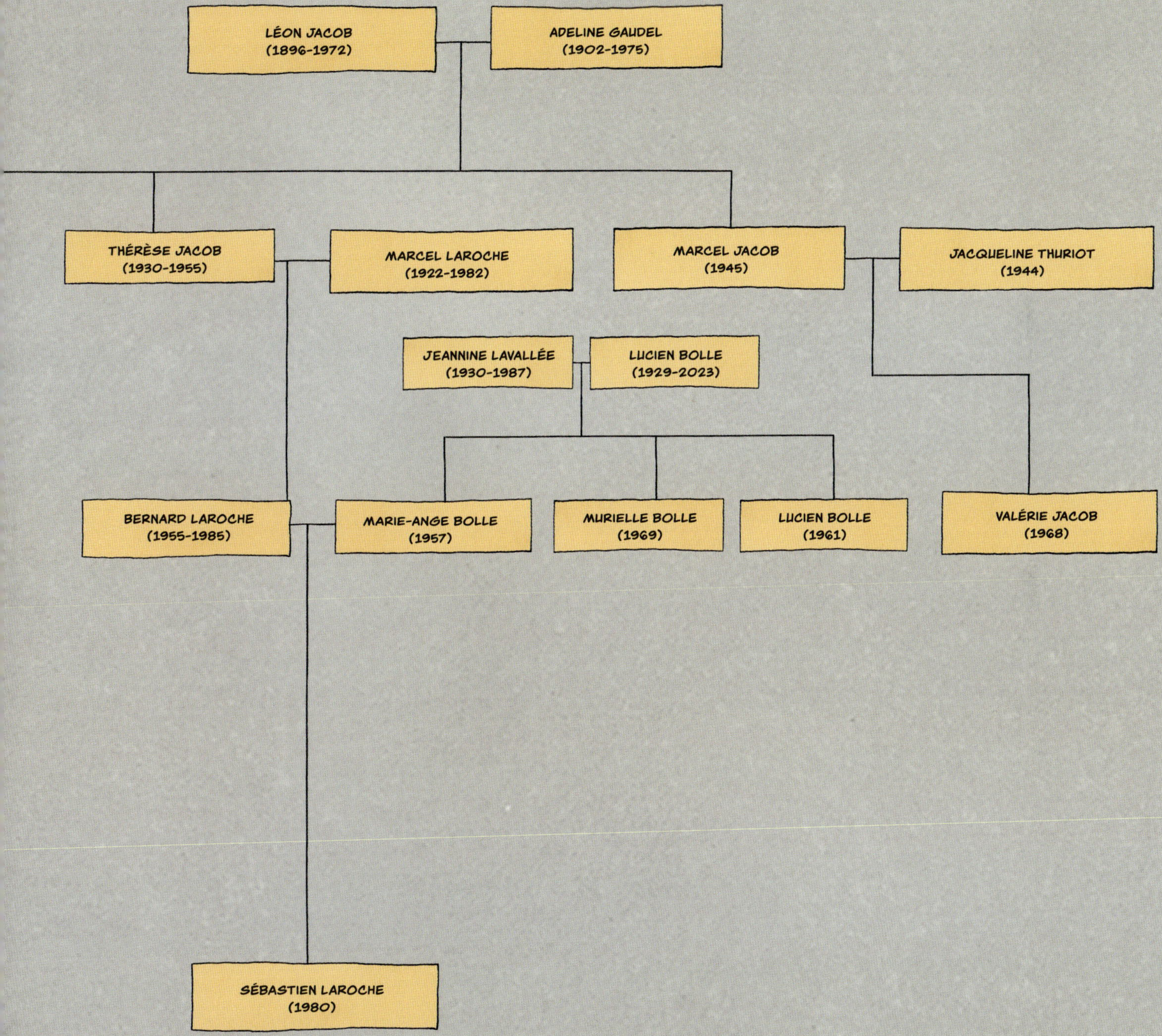
LÉON JACOB
(1896-1972)
ADELINE GAUDEL
(1902-1975)
THÉRÈSE JACOB
(1930-1955)
MARCEL LAROCHE
(1922-1982)
MARCEL JACOB
(1945)
JACQUELINE THURIOT
(1944)
JEANNINE LAVALLÉE
(1930-1987)
LUCIEN BOLLE
(1929-2023)
BERNARD LAROCHE
(1955-1985)
MARIE-ANGE BOLLE
(1957)
MURIELLE BOLLE
(1969)
LUCIEN BOLLE
(1961)
VALÉRIE JACOB
(1968)
SÉBASTIEN LAROCHE
(1980)

Sources

Témoignage

Christine et Jean-Marie Villemin, *Le Seize Octobre,* Plon, 1994.

Sur le procès

Entretiens avec Jean-Marie Villemin.

Presse écrite et audiovisuelle (archives INA) de novembre et décembre 1993.

Sur les relations police-justice

Jacques Corazzi, *Le Secret de la Vologne. L'affaire Grégory vue par la PJ,* Gérard Louis, 2003.

Henri-René Garaud, *Mon intime conviction*, Pygmalion, 1994.

Étienne Sesmat, *Les Deux Affaires Grégory*, Belfond, 2010 ; Points, 2015.

Gérard Welzer, *L'Affaire Grégory. Ou la malédiction de la Vologne*, L'Archipel, 2018.

Sur le rôle des médias

Laurence Lacour, *Le Bûcher des innocents*, Les Arènes, 2016.

Denis Robert, *J'ai tué le fils du chef. Affaire Grégory Villemin, le roman de la Vologne. 1984-2018,* Hugo, 2018.

À Grégory qui m'a accompagné durant toute l'écriture.
À Christine et Jean-Marie pour leur confiance, leur bienveillance et leur amitié.
À Laurent B, Laurent M, Jean-Baptiste N, Lucie LB, Laurette.
Ce livre n'aurait pu exister ailleurs qu'aux Arènes.
À Laurence Lacour pour les conseils, le soutien et la présence rassurante.
À Christophe pour son regard.
À Anne qui m'a permis de rester du côté de la vie.

Pat Perna

À mon père adoré (1945-2024).

Christophe Gaultier

Direction éditoriale : Laurent Muller
Coordination éditoriale : Lucie Le Bon
Conception graphique : Éric Pillault
Photogravure : Image Press Édition
Lettrage et mise en page : Yvan Jacquet
Fabrication : Louise Clément
Révision : Isabelle Paccalet et Laure Picard-Philippon

L'ensemble de cet ouvrage a été réalisé dans le respect des règles environnementales en vigueur. Il a été imprimé par un imprimeur certifié Imprim'vert, sur du Condat mat PEFC pour l'intérieur.

Achevé d'imprimer sur les presses de l'imprimerie Lego S.p.A. à Vicence (Italie) en août 2024.

ISBN : 979-10-375-1258-1
Dépôt légal : Octobre 2024